Deutsch als Fremd- und Zweitsprache

66 Sprachspiele für die Schule

für Partner-, Gruppen- und Plenumsarbeit

Grammatik und Wortschatz

Alles Digitale zu diesem Buch kann auf der Lernplattform **allango** von Ernst Klett Sprachen abgerufen werden. So geht's:

 QR-Code scannen oder **www.allango.net** aufrufen

Buchtitel oder ISBN in der Suche eingeben und auf das Buchcover klicken

Zum Inhalt navigieren, direkt abrufen oder speichern

 Dieses Symbol bedeutet, dass zu einem Buch-Abschnitt ein digitaler Inhalt verfügbar ist.

Ernst Klett Sprachen
Stuttgart

1. Auflage   5 | 2026

Autorinnen und Autoren: Susanne Daum, Michael Dreke, Hans-Jürgen Hantschel, Ursula Hirschfeld, Wolfgang Lind, Monika Rehlinghaus, Kerstin Reinke
Redaktion: Sibylle Krämer, Michaela Späinghaus
Beratung: Silke Donath
Illustrationen: Fritz Steingrobe
Satz: Datagroup Int, Timişoara
Umschlaggestaltung: Sabine Kaufmann
Titelbild: Getty Images (Carol Yepes), München
Druck und Bindung: Digitaldruck Tebben GmbH, Biessenhofen

Printed in Germany
ISBN 978-3-12-674156-9

Einleitung

Wird die grammatische Struktur sicher beherrscht? Ist die kommunikative Kompetenz ausreichend? Waren die Aufgaben authentisch genug? Vielleicht stellen Sie sich mitunter diese Fragen in Ihrem Fremdsprachenunterricht, sind sich jedoch nicht sicher und suchen dann nach weiteren Übungsideen. Der vorliegende Spieleband bietet Ihnen Unterstützung und ergänzende Angebote für Ihren Unterricht. Alle Spiele sind unterrichtserprobt und legen den Fokus auf das Trainieren von Wortschatz- und Grammatikstrukturen eingebettet in die Festigung kommunikativer Fertigkeiten. Sie sind dabei unabhängig vom verwendeten Lehrbuch einsetzbar.

Wie nutze ich das Spielen zum Lernen?

Je nach Charakter des Spiels und Kenntnisstand der Lerngruppe können die Spiele ganz unterschiedliche Funktionen erfüllen. Manche nehmen bestimmte grammatische Strukturen oder Redemittel in den Blick, andere bieten gezielt Übungen zu Rhythmus und Wortakzentuierung. Mal geht es um Tempo, mal wird gleichzeitig die Merkfähigkeit trainiert. Alle Spiele stärken die kommunikativen Fähigkeiten. Und natürlich bieten die einzelnen Spiele eine Verbindung der Fertigkeitsbereiche Lesen, Hören, Sprechen und Schreiben. Der spielerische Aspekt motiviert zusätzlich, sodass auch Lernende, die sonst eher zurückhaltend und ängstlich sind, sich aktiver einbringen und im Gespräch oder Rollenspiel ein sicheres Auftreten entwickeln können. Wichtig ist dabei, dass Sie die Lernenden sprechen lassen und im Spielverlauf nicht ständig Fehler korrigieren. Stattdessen sollten Sie sie im selbstständigen Umgang mit Fehlern anleiten und ihnen Raum zur Selbstkorrektur eröffnen, um sie so zu motivieren, sich aktiv mit der Sprache auseinanderzusetzen. Vorschläge dazu finden Sie in den Spielen Nr. 65 und Nr. 66.

Wenn Sie bestimmte sprachliche Strukturen trainieren wollen, können Sie die Blanko-Vorlage mit Sprechblasen in Anhang C (S. 160) individuell beschriften und ggf. als Poster vergrößern. Alle Spiele sind zudem so konzipiert, dass Sie einen möglichst geringen Zeit- und Materialaufwand in der Vorbereitung bzw. Durchführung haben. Eventuell zusätzlich notwendiges Material (neben den Kopiervorlagen) können Sie bereits der Übersicht der Spiele (S. 6–9) entnehmen. Hörbeispiele für Hör-, Nachsprech- und Diktatübungen sind mit 🔊 gekennzeichnet und stehen digital zur Verfügung (siehe Erklärung auf Seite 1).

Authentische Sprechsituationen: Wechselspiele

Die sogenannten Wechselspiele legen einen besonderen Fokus auf die kommunikative Kompetenz der Lernenden. Sie simulieren möglichst authentische Sprechsituationen im Unterricht: So wie eine Sprecherin oder ein Sprecher im Normalfall nicht weiß, was ihr / sein Gegenüber fragen bzw. entgegnen wird, so bieten die Wechselspiele Sprechanlässe mit jeweils verschiedenen Informationen für die Lernenden. Im Gespräch müssen diese Informationslücken geschlossen werden.

Die Wechselspiele bestehen daher stets aus zwei Arbeitsblättern:
– Teil A (jeweils auf der linken Seite) für die Lernende / den Lernenden A
– Teil B (jeweils auf der rechten Seite) für die Lernende / den Lernenden B
Die Lernenden befragen sich nun gegenseitig. Dabei sprechen sie nicht nur über (unbekannte) Drittpersonen, sondern auch über sich selbst. Darüber hinaus wird den Lernenden in vielen dieser Übungen Sachwissen aus verschiedenen kulturellen Bereichen vermittelt (Sport, Allgemeinwissen usw.). Außerdem üben die Lernenden, ihre Meinungen zu bestimmten Themen zu äußern (Sympathie, Antipathie usw.).

Wechselspiele sind folgendermaßen gekennzeichnet: z.B.

 2 | Über Wohnort, Herkunft, … sprechen | WECHSELSPIEL

Allgemeine Erläuterungen zu den Wechselspielen

Die Grammatik sollte vor Beginn der Übungen bereits beherrscht und wichtiges Vokabular eingeführt werden. Zu Beginn der Übung sollten die Redemittel erläutert und anhand eines Beispiels durchgespielt werden. Bei Anfängerinnen / Anfängern ist insbesondere darauf zu achten, dass die Arbeitsanweisungen verstanden wurden. Während der Durchführung der Übungen ist es wichtig, dass die Lernenden das Arbeitsblatt ihrer Partnerin / ihres Partners nicht sehen. Die Lehrkraft sollte von Arbeitspaar zu Arbeitspaar gehen, sich vergewissern, ob die Redemittel und die grammatischen Strukturen korrekt benutzt werden, und eventuell Hilfestellung geben. Sie sollte aber nur bei schweren, kommunikationsstörenden Fehlern verbessern und sich ansonsten die Fehler der Lernenden merken oder notieren, damit sie im Anschluss an die Übung darauf zurückkommen kann. Wenn die Lernenden während der Übung etwas nicht verstehen, können sie die Lehrkraft fragen. Viele Arbeitsblätter eignen sich auch zu Wiederholungszwecken. Bei vielen Übungen bietet sich eine Anschlussphase an (s. unten).

Die Wechselspiele im Einzelnen

2 Städte- und Ländernamen vorher einführen, um orthografische Probleme zu vermeiden. Die Übung lässt sich erweitern, z. B. mit „Was macht Herr Yilmaz heute?". *Anschlussphase:* Wiederholung der Übung im gemeinsamen freien Klassengespräch

8 Wenn die Lernenden zu unterschiedlichen Gesamtbeträgen kommen, sollten die Mengen und Preise noch einmal kontrolliert werden, ohne dass die Lernenden sich die Arbeitsblätter zeigen. *Anschlussphase:* Klassengespräch: Wer kauft was und wo? *Schreibanlass:* Erstellen einer Einkaufsliste

13 Den Lernenden sollte genügend Zeit zum Ankreuzen gegeben werden. Wegen der starken persönlichen Betroffenheit sollte die Plenumsphase, wenn die Lernenden vor der Klasse über ihre Partnerin / ihren Partner berichten, nur durchgeführt werden, wenn ein kameradschaftliches Klassenklima herrscht. Im Plenumsgespräch können die ersten Akkusativformen auftauchen. *Anschlussphase:* Wiederholung der Übung im gemeinsamen freien Klassengespräch

14 Besprechen der Ergebnisse im Plenum. *Anschlussphase:* Über authentischen Bedarf der Lernenden sprechen. Dabei Einführung neuen Vokabulars, da Bedarf von Land zu Land unterschiedlich ist. Kann auch als Schreibanlass benutzt werden.

16 Bei dieser Übung geht es um die Einführung der verschiedenen Pluralformen. *Anschlussphase:* Erst am Ende der Übung sollen die Lernenden auf die entsprechenden Singularformen schließen, damit sich die Pluralformen durch mehrfachen Gebrauch bereits eingeprägt haben. Dabei stellen die Lernenden verschiedene Pluralendungen fest. Die Substantive aus den Übungen sollen dann nach Endungen in Gruppen zusammengefasst werden. Eine passende Tabelle finden Sie auf S. 37.
Diese Gruppen können durch weitere bekannte Substantive ergänzt werden. Zu Lebensmitteln bzw. Tieren bieten sich Folgende an, nach denen man ebenfalls im Plural fragen würde:
– Birnen, Bananen, Möhren, Tomaten
– Hamster, Schafe, Ziegen, Schnecken, Meerschweinchen, Krebse, Koalas, Kängurus, Pferde

17 *Anschlussphase:* Weitere Fähigkeiten im Klassengespräch erfragen lassen

18 Hier gibt es nur eine Verabredungsmöglichkeit. *Anschlussphase:* Eine Verabredung z. B. für einen gemeinsamen Kinobesuch mit der Klasse simulieren

19 Trennbare Verben sollten beherrscht werden. *Anschlussphase:* Tagesablauf erzählen oder schreiben lassen

23 Über die Lehrkraft sollte nur gesprochen werden, wenn sie sich für aufgeschlossen genug hält. Für den leeren Bilderrahmen kann sich die Klasse auf eine beliebige Person einigen. *Anschlussphase:* Sich im Klassengespräch über allgemein bekannte Persönlichkeiten äußern (Schauspielerinnen/Schauspieler, Politikerinnen/Politiker usw.)

26 Wenn Lernende nicht wissen, wie man die betreffende Antwort schreibt, sollen ihre Partnerinnen/Partner sie buchstabieren. *Anschlussphase:* Über weitere muttersprachliche oder andere Abkürzungen sprechen

27 Das Possessivpronomen wird erst in der Plenumsarbeit von den Lernenden angewendet. Persönliche Betroffenheit: siehe Wechselspiel 13

42 *Anschlussphase:* Die Lernenden stecken unauffällig persönliche Gegenstände in einen Beutel oder Karton (Vokabular einführen!). Im Klassengespräch wird darüber spekuliert, wem was gehört. Achtung: Personalpronomen im Dativ!

43 *Anschlussphase:* Gespräch über Bus- bzw. U-Bahnlinien einer Stadt

50 *Anschlussphase:* Die Lernenden können schriftlich oder mündlich darüber berichten, was sie in den Ferien, am Wochenende usw. vorhaben.

51 *Anschlussphase:* Weitere landeskundliche Aspekte klären, z. B.: Einteilung von Deutschland in Bundesländer; Städte und (Bundes)Länder/Kantone in Österreich und der Schweiz einbeziehen; Gespräch über geografische Verhältnisse der Herkunftsländer der Lernenden

53 *Anschlussphase:* Die Lernenden beschreiben der Lehrkraft den Weg zu einer Straße/einem Gebäude in der Umgebung der Schule.

54 Wenn Schwierigkeiten beim Zeichnen auftauchen, reicht es, wenn die Lernenden die Objekte andeuten oder schriftlich eintragen. *Anschlussphase:* Schriftlich oder mündlich die eigene Wohnung beschreiben lassen

55 Aufpassen bei der Fragestellung: Geburtsort = „Wo sind Sie geboren?" usw. *Anschlussphase:* Rollenspiel: „Zollkontrolle" oder „Auf einem Amt". Dabei können weitere Personalien erfragt werden.

56 Die Übung sollte nur durchgeführt werden, wenn sich ein großer Teil der Klasse für Sport interessiert. Alle in der Übung vorkommenden Tiere sollten zuvor – zumindest mit Bildern – eingeführt werden. *Anschlussphase:* Während der Übung wurden die sportlichen Leistungen der Tiere immer mit denen des Menschen verglichen. Nun könnten die sportlichen Leistungen der Tiere miteinander vergleichend kommentiert werden, z.B.: Der Lachs schwimmt fast so schnell wie der Pinguin.

57 Die Übung sollte nur durchgeführt werden, wenn sich ein großer Teil der Klasse für Sport interessiert. Für diesen Fall ist den meisten Lernenden wahrscheinlich von der Sachkenntnis her völlig klar, wer in welcher Sportart gewinnt, sie können es häufig jedoch nicht sprachlich angemessen ausdrücken. *Anschlussphase:* Mit entsprechenden Formen des Superlativs kann über weitere Sportarten gesprochen werden, z.B.: Diskuswerfen, Hammerwerfen, Dreisprung, Skispringen, Biathlon, Eisschnelllauf, Rennrodeln, Bobfahren, Boxen, Ringen, Judo.

60 Lösung: 1. Wikinger: Nordamerika, Kolumbus: Südamerika; 2. Nein, in Russland (Sibirien) und Alaska; 3. Bukarest; 4. Roald Amundsen; 5. nein; 6. 3600; 7. ja; 8. Afrika; 9. 1914-1918; 10. Keramik. *Anschlussphase:* Spiel: Klasse in zwei Gruppen teilen. Jede Gruppe arbeitet zehn Fragen aus, die sie auch beantworten kann. Die Fragen werden der jeweils anderen Gruppe gestellt. Die Gruppe, die die meisten Fragen beantworten konnte, hat gewonnen.

Übersicht der Spiele

Spiel	Struktur	Thema	Benötigtes Material°	Niveau**	Seite
1 | Kennenlernspiel	W-Fragen	Angaben zur Person: Name, Herkunft, Wohnort, Alter	Musik	A1	10
2 | Über Wohnort, Herkunft ... sprechen	Konjugation Präsens, Präpositionen: *in, aus, bei, nach,* Fragepronomen: *Wo? Woher? Wohin?*	Angaben zur Person: Wohnort, Herkunft ...	–	A1	12
3 | Ballspiel: Adresse	W-Fragen	Angaben zur Person: (Vor)Name, Adresse, Telefon	Ball	A1	14
4 | Von 1 bis 100	Ein-, zwei-, dreistellige Zahlen (1–100)	Zahlen	Stoppuhr	A1	16
5 | Zahlenspiel	Zweistellige Zahlen	Zahlen	Musik	A1	18
6 | Schnelle Zahlen	Große Zahlen	Zahlen	Papier, Marker, Klebestreifen oder Sicherheitsnadeln	A1	20
7 | Hier kommen die Artikel ins Spiel!	Artikel	Lebensmittel, Kleidung, Möbel	Knetmasse	A1	21
8 | Preise vergleichen und einkaufen	Preise: angeben, vergleichen	Preise, Lebensmittel, Einkaufen	–	A1	24
9 | Würfelspiel: Verben	Verbkonjugation	Handlungen, Aktivitäten	2 große Würfel***	A1	26
10 | Lebendige Sätze: Verbkönig	Satzstellung: Hauptsätze, W-Fragen	Sich kennenlernen, sich vorstellen	Pappe, farbiges Papier	A1	29
11 | Silbensammler	Mehrsilbige Wörter, Wortakzent	Verschiedene	–	A1	32
12 | Lernen mit Musik	Pluralformen	Verschiedene	Musik	A1	36
13 | Eine Person näher kennenlernen	Konjugation: *haben* (Präsens), Negation *nicht, kein*	Haben oder nicht haben	–	A1	38
14 | Bedarf erfragen	Akkusativ mit unbestimmtem Artikel	Bedarf erfragen	–	A1	40
15 | Bodenfliesenspiel: Akkusativ	Verben mit Akkusativ	Lebensmittel	Pappe, dicke Stifte, 2 (größere) Würfel, Papierstreifen	A1	42

Spiel	Struktur	Thema	Benötigtes Material*	Niveau**	Seite
35 | Ratespiel: Wer bin ich?	Ja- / Nein-Fragen	Berühmte Persönlichkeiten, Tiere, Berufe	Klebestreifen	A2	87
36 | Rätselspiel: Lieblingsmensch	W-Fragen, Ja- / Nein-Fragen	Persönliche Angaben (Lieblings-)	–	A2	89
37 | Stimmt denn das?	Aussagen korrigieren, Wortakzent, Rhythmus	Allgemeinwissen	–	A2	92
38 | Präfix-Quartett	Trennbare und nicht trennbare Verben	Verschiedene (Prüfungswortschatz A2)	–	A2	95
39 | Gerüchteküche	Nebensätze mit *dass*	Verschiedene	–	A2	98
40 | Schneeballschlacht	Nebensätze mit *weil*	Verschiedene	Papier	A2	100
41 | Ratespiel: Wenn ich alles zu ernst nehme, ...	Nebensätze mit *wenn*	Verschiedene	1 Karte mit *Ja*, 1 Karte mit *Nein*	A2	102
42 | Besitzverhältnisse erfragen und bestimmen	Dativ (Possessivpronomen)	Verschiedene	–	A2	104
43 | Nach Busrouten fragen und darüber Auskunft geben	Präpositionen mit Dativ (*von, zu*)	Verkehrsmittel, öffentliche Einrichtungen	–	A2	106
44 | Geburtstagsgeschenke: Was schenken wir wem?	Verben mit zwei Ergänzungen: Dativ und Akkusativ	Geschenke	–	A2	108
45 | Satzbaukasten	Satzbau (zwei Ergänzungen)	Verschiedene	–	A2	110
46 | Koffer packen	Akkusativ, trennbares Präfix	Kleidung, Urlaubsbedarf	Koffer oder Kiste, evtl. Kleidung bzw. Dinge für eine Reise	A2	114
47 | Wort-Trio	Nomen, Verben, Adjektive, Orthografie	Beliebig	–	A2	116
48 | Würfelspiel: Ich trage einen blauen Mantel	Adjektiv-Endungen	Kleidung	2 große Würfel***	A2	117
49 | Dresscode	Adjektiv-Deklination (unbestimmter Artikel, Akkusativ)	Kleidung, Farben	–	A2	120
50 | Über Pläne sprechen	Futur, Modalverb *wollen* (Präsens)	Freizeit	–	A2	122
51 | Städte lokalisieren	Himmelsrichtungen	Landkarte der Bundesrepublik Deutschland	–	A2	124

* Zusätzlich zu den Kopiervorlagen benötigen Sie das hier angegebene Material.

** Die Angabe des Niveaus bezieht sich auf beigefügte Kopiervorlagen bzw. auf angegebene Beispiele. Viele Spiele können – mit entsprechenden Veränderungen – auch auf anderen Niveaus eingesetzt werden.

*** Die für dieses Spiel benötigten großen Würfel können bei Ernst Klett Sprachen unter der ISBN-Nummer 978-3-12-533449-6 (Der Fragewürfel – aufblasbarer Würfel für Sprachspiele) bestellt werden. Alternativ können die Kopiervorlagen mit doppelseitigem Klebeband auf einen größeren Würfel aus Kunststoff oder Pappe geklebt werden.

1 | Kennenlernspiel

Sprachniveau
A1

Lerninhalt / Themenfeld
W-Fragen

Anzahl der Spielerinnen / Spieler
beliebig

Spieldauer
5 Minuten

Benötigtes Material
- Musik, Gerät zum Abspielen

Vorbereitung
- Kopiervorlage kopieren und zerschneiden

Spielverlauf
Verteilen Sie die ausgeschnittenen Karten der Kopiervorlage so, dass alle
Lernenden eine Karte erhalten. Starten Sie die Musik und bitten Sie die Lernenden,
sich im Raum zu bewegen. Wenn die Musik stoppt, suchen sich alle eine
Partnerin / einen Partner und befragen sich gegenseitig, indem sie mit den
Wörtern auf der Karte eine Frage formulieren (s. Redemittel). Dann werden die
Kärtchen getauscht und das Spiel beginnt erneut. Das Spiel wird auf diese Weise
ein paarmal wiederholt.

Anmerkungen
- Wenn man das Spiel (auch mit anderen Sätzen) häufiger durchführt, wählt man
  am besten immer die gleiche oder ähnliche Musik. Auf diese Weise wissen die
  Lernenden sofort, was sie tun sollen, wenn sie die Musik hören. Man spart viel
  Zeit, da man das Spiel nicht erneut erklären muss.
- Während des Spiels steht die Lehrkraft so im Raum, dass sie bei Fragen
  jederzeit „angespielt" bzw. gefragt werden kann.

Redemittel
- Wer bist du? / Wer sind Sie? – Ich bin …
- Wie heißt du? / Wie heißen Sie? – Ich heiße …
- Wo wohnst du? / Wo wohnen Sie? – Ich wohne in …
- Woher kommst du? / Woher kommen Sie? – Ich komme aus …
- Wie alt bist du? / Wie alt sind Sie? – Ich bin … (Jahre alt).

Wer – sein?	**Wer – sein?**	**Wer – sein?**
Wie – heißen?	**Wie – heißen?**	**Wie – heißen?**
Wo – wohnen?	**Wo – wohnen?**	**Wo – wohnen?**
Woher – kommen?	**Woher – kommen?**	**Woher – kommen?**
Wie alt – sein?	**Wie alt – sein?**	**Wie alt – sein?**
Wer – sein?	**Wer – sein?**	**Wer – sein?**
Wie – heißen?	**Wie – heißen?**	**Wie – heißen?**
Wo – wohnen?	**Wo – wohnen?**	**Wo – wohnen?**
Woher – kommen?	**Woher – kommen?**	**Woher – kommen?**
Wie alt – sein?	**Wie alt – sein?**	**Wie alt – sein?**

66 Sprachspiele für die Schule
ISBN 978-3-12-674156-9
Alles Digitale auf **allango.net**

Frage und antworte.

> **Redemittel**
> B: Wo wohnt Carmen?
> A: Sie wohnt in Berlin.
> B: Wohin fährst du morgen?
> A: Ich fahre nach …

	Wo?	Woher?	Wo?	Wohin?
	wohnt in	kommt aus	arbeitet bei	fährt morgen nach
Frau Schulz			Osram	Weimar
Herr Yilmaz		Süddeutschland	Zeiss	
Alex	Wolfsburg			Österreich
Carmen	Berlin	Hessen		
du				
deine Partnerin / dein Partner				

66 Sprachspiele für die Schule
ISBN 978-3-12-674156-9
Alles Digitale auf **allango.net**

Frage und antworte.

Redemittel
A: Woher kommt Alex?
B: Er kommt aus Bremen.
A: Wohin fährst du morgen?
B: Ich fahre nach …

	Wo?	Woher?	Wo?	Wohin?
	wohnt in	kommt aus	arbeitet bei	fährt morgen nach
Frau Schulz	München	Thüringen		
Herr Yilmaz	Jena			Rostock
Alex		Bremen	Volkswagen	
Carmen			Siemens	Malente
du				
deine Partnerin / dein Partner				

66 Sprachspiele für die Schule
ISBN 978-3-12-674156-9
Alles Digitale auf **allango.net**

© Ernst Klett Sprachen GmbH, Stuttgart 2019 | www.klett-sprachen.de | Alle Rechte vorbehalten. Die Nutzung der Inhalte
für Text- und Data-Mining ist ausdrücklich vorbehalten und daher untersagt. Von dieser Druckvorlage ist die Vervielfältigung
für den eigenen Unterrichtsgebrauch gestattet. Die Kopiergebühren sind abgegolten.

Klett

13

3 | Ballspiel: Adresse

Sprachniveau
A1

Lerninhalt / Themenfeld
W-Fragen

Anzahl der Spielerinnen / Spieler
beliebig (mind. 6)

Spieldauer
10 Minuten

Benötigtes Material
- Ball, der nicht springt

Vorbereitung
- Kopiervorlage kopieren und zerschneiden
- die Kärtchen der Kopiervorlage in der Mitte des Raumes auf dem Boden auslegen

Spielverlauf
Die Lernenden stellen sich im Kreis auf. Eine Lernerin / Ein Lerner beginnt, indem sie / er den Ball auf eine der Karten wirft und ihrer rechten Nachbarin / seinem rechten Nachbarn eine Frage mit dem Nomen auf der Karte stellt, die sie / er beantwortet (s. Redemittel). Die Lehrkraft greift bei Fehlern korrigierend ein.

Variante
Bei größeren Kursen kann man die Gruppe teilen und in zwei Gruppen spielen lassen.

Redemittel
- Vorname: Wie heißt du? / Wie heißen Sie? – Ich heiße …
- Name: Wie ist dein Name? / Wie ist Ihr Name? – Mein Name ist …
- Straße + Hausnummer: Wo wohnst du? / Wo wohnen Sie? – Ich wohne in der … straße Nr. xx. / Ich wohne im … weg Nr. xx.
- Postleitzahl: Wie ist deine Postleitzahl? / Wie ist Ihre Postleitzahl? – Meine Postleitzahl ist …
- Wohnort: Wo wohnst du? / Wo wohnen Sie? – Ich wohne in … (Ort / Stadt / Stadtteil).
- Telefonnummer: Wie ist deine Telefonnummer? / Wie ist Ihre Telefonnummer? – Meine Telefonnummer ist …

Vorname

Name

Straße + Hausnummer

Post- leitzahl

Wohnort

Telefon- nummer

66 Sprachspiele für die Schule
ISBN 978-3-12-674156-9
Alles Digitale auf **allango.net**

4 | Von 1 bis 100

Sprachniveau
A1

Lerninhalt / Themenfeld
Ein-, zwei-, dreistellige Zahlen (1–100) Wortakzentuierung, emotionale Sprechweise

Anzahl der Spielerinnen / Spieler
3 bis beliebig viele; es kann in mehreren Gruppen parallel gespielt werden

Spieldauer
ca. 5–10 Minuten

Benötigtes Material
- Stoppuhr

Vorbereitung
- Sprechanweisungen kopieren und auseinanderschneiden

Spielverlauf
Die Lernenden stehen im Kreis und zählen von 1 bis 100. Die Spielleiterin / Der Spielleiter nimmt zu Beginn und dann immer nach genau einer Minute eine Sprechanweisung vom Stapel und liest sie vor. Das Kärtchen wird dann zurück in den Stapel gesteckt. Die Anweisung muss von den Lernenden beim Zählen in Sprechweise und auch in Mimik und Gestik umgesetzt werden. Wenn eine Mitspielerin / ein Mitspieler das nicht macht oder wenn die 100 erreicht ist, wird von vorn begonnen.

Varianten
- Man kann nur jede zweite Zahl aussprechen, also *1, 3, 5, 7, ...* bzw. *2, 4, 6, ...* oder es wird jede 3. (oder 5.) Zahl ausgelassen. Es kann auch vereinbart werden, dass z.B. „die böse Sieben" und ihre Vielfachen ausgelassen werden.
- Eine weitere Möglichkeit ist, dass ungesteuert ein beliebiges Teammitglied eine Zahl spricht, dann ein anderes Teammitglied. Wenn zwei oder mehr Lernende gleichzeitig sprechen, geht es von vorn los.
- Die Zahlen können in thematischen Wortgruppen (z.B. *eine Jacke, zwei Schuhe, drei Hemden* ...) verwendet und nach Sprechanweisung gesprochen werden.

Anmerkung
Lassen Sie die Lernenden die Zahlen (Hörbeispiel 1) vor dem Spiel hören und nachsprechen.

Hörbeispiel 1 für Hör-, Nachsprech- und Diktatübungen

laut: 1, 2, 3, 4, 5
leise: 6, 7, 8, 9, 10
hoch: 11, 12, 13, 14, 15
tief: 16, 17, 18, 19, 20
langsam: 21, 22, 23, 24, 25
schnell: 26, 27, 28, 29, 30

sehr deutlich: 31, 32, 33, 34, 35
undeutlich: 36, 37, 38, 39, 40
erfreut: 41, 42, 43, 44, 45
böse: 46, 47, 48, 49, 50
erstaunt: 51, 52, 53, 54, 55
geheimnisvoll: 56, 57, 58, 59, 60

aufgeregt: 61, 62, 63, 64, 65
fröhlich: 66, 67, 68, 69, 70
schimpfend: 71, 72, 73, 74, 75
traurig: 76, 77, 78, 79, 80

müde: 81, 82, 83, 84, 85
flüsternd: 86, 87, 88, 89, 90
jede Silbe einzeln: 91, 92, 93, 94, 95
monoton: 96, 97, 98, 99, 100

laut	leise
langsam	schnell
hoch	tief
sehr deutlich	undeutlich
erfreut	böse
erstaunt	geheimnisvoll
aufgeregt	fröhlich
schimpfend	traurig
müde	flüsternd
jede Silbe einzeln	monoton

66 Sprachspiele für die Schule
ISBN 978-3-12-674156-9
Alles Digitale auf **allango.net**

5 | Zahlenspiel

Sprachniveau
A1

Lerninhalt / Themenfeld
Zweistellige Zahlen

Anzahl der Spielerinnen / Spieler
beliebig (mind. 6)

Spieldauer
ca. 5 Minuten

Benötigtes Material
- Musik, Gerät zum Abspielen

Vorbereitung
- Kopiervorlage kopieren und zerschneiden

Spielverlauf
Die ausgeschnittenen Karten werden so verteilt, dass die Lernenden jeweils eine Karte erhalten. Dann wird die Musik gestartet und die Lernenden bewegen sich im Raum. Wenn die Musik stoppt, suchen sich alle eine Partnerin / einen Partner. Die Lernenden halten ihre beiden Zahlen nebeneinander und nennen die entstandene zweistellige Zahl. Dann werden die Kärtchen der Kopiervorlage getauscht und das Spiel beginnt erneut. Das Spiel wird mehrmals wiederholt.

Variante
Die Lernenden kommen zu dritt oder später auch zu viert zusammen, um drei- und vierstellige Zahlen zu üben.

Anmerkungen
- Wenn man das Spiel (auch mit anderen Sätzen) häufiger durchführt, wählt man am besten immer die gleiche oder ähnliche Musik. Auf diese Weise wissen die Lernenden sofort, was sie tun sollen, wenn sie die Musik hören. Man spart viel Zeit, da man das Spiel nicht erneut erklären muss.
- Während des Spiels steht die Lehrkraft so im Raum, dass sie bei Fragen jederzeit „angespielt" bzw. gefragt werden kann.

0	1	2	3
4	5	6	7
8	9	0	1
2	3	4	5
6	7	8	9

66 Sprachspiele für die Schule
ISBN 978-3-12-674156-9
Alles Digitale auf **allango.net**

6 | Schnelle Zahlen

Sprachniveau
ab A1

Lerninhalt / Themenfeld
Wortschatz üben: große Zahlen

Anzahl der Spielerinnen / Spieler
alle / Großgruppe; 3 oder 4 gleich große Teams (s. Spielverlauf)

Spieldauer
10–15 Minuten

Benötigtes Material
- Papier mit einer weißen Seite (Schmierpapier ist geeignet)
- Marker
- Klebeband oder Sicherheitsnadeln

Spielverlauf
Für das Spiel wird etwas freier Platz gebraucht, sowie drei oder mehr gleich große Teams von 5–8 Personen. So können Sie die Gruppe aufteilen: 15 Lernende: 3 × 5; 18 Lernende: 3 × 6; 20 Lernende: 4 × 5; 21 Lernende: 3 × 7; 24 Lernende: 3 × 8 oder 4 × 6. Je größer die Teams sind, desto anspruchsvoller wird das Spiel. Falls Sie eine andere Anzahl an Lernenden haben, werden die überzähligen Personen zu „Springerinnen / Springern" ernannt, s. unten.

1. Schreiben Sie als Beispiel eine Zahl an, die so viele Stellen hat, wie die Teams Mitglieder haben, und die sich aus verschiedenen Ziffern, fortlaufend ab 1, zusammensetzt (z.B. 23.154, wenn Sie 5er-Gruppen haben, oder 68.742.135 bei 8er-Gruppen). Lassen Sie die Zahl laut vorlesen. Lesen Sie dann, bei 1 beginnend, jede einzelne Ziffer vor und zeigen Sie dabei darauf, um zu demonstrieren, dass sich die Zahl aus fortlaufenden Ziffern zusammensetzt.
2. Jedes Team schreibt eine Liste mit 8–10 solcher Zahlen. Gehen Sie herum und stellen Sie sicher, dass die Zahlen der Aufgabenstellung entsprechen.
3. Jedes Teammitglied bekommt eine der zur Verfügung stehenden Ziffern (1–5/6/7/8) zugeteilt und heftet sich diese, groß mit einem Marker geschrieben, an. Falls es Springerinnen / Springer gibt, werden einzelne Ziffern doppelt vergeben; Teammitglieder mit der gleichen Ziffer wechseln sich dann während des Spiels ab.

Zeichnen Sie ein Raster an die Tafel, um für jedes Team die Punkte festzuhalten. Ein Mitglied von Team A beginnt und liest die erste Zahl von der Teamliste vor (am besten mehrmals). Die anderen Teams stellen sich möglichst schnell in der richtigen Reihenfolge auf. Das Team, welches dies zuerst schafft, bekommt einen Punkt. Dann kommt Team B mit Vorlesen dran usw.

Anmerkungen
- Achten Sie darauf, dass sich die Teammitglieder beim Vorlesen abwechseln.
- Falls Sie im Unterricht wenig Zeit haben, können Sie die Zahlenlisten auch vorbereiten und austeilen; dann entfallen Schritt 1 und 2.

Redemittel
- Richtig!
- Nein, das stimmt noch nicht.
- Lies bitte noch mal vor.

7 | Hier kommen die Artikel ins Spiel!

Sprachniveau
A1

Lerninhalt / Themenfeld
Artikel

Anzahl der Spielerinnen / Spieler
beliebig

Spieldauer
20 Minuten

Benötigtes Material
- Knetmasse

Vorbereitung
- eine Kopiervorlage nach Anzahl der Gruppen vervielfältigen und zerschneiden (Empfehlenswert ist es, die Kopiervorlage zur besseren Unterscheidung auf verschiedenfarbiges Papier zu kopieren und eventuell auch zu laminieren, um das Spiel für weitere Lerngruppen nutzen zu können.)

Spielverlauf
Die Kärtchen werden verdeckt auf den Tisch gelegt; nur die drei Kärtchen mit den Artikeln werden offen ausgelegt. Hier werden im Verlauf des Spiels die Kärtchen mit den Lebensmitteln bzw. Kleidungsstücken den richtigen Artikeln so zugeordnet, dass eine Tabelle entsteht. Die Lernenden werden in Kleingruppen eingeteilt. Eine Person beginnt, zieht verdeckt eine Karte und knetet den Gegenstand, der auf der Karte steht. Wenn die anderen Lernenden erraten haben, um welchen Gegenstand es sich handelt, wird das Kärtchen unter dem richtigen Artikel abgelegt.

Anmerkung
Im Anhang A (S. 158) findet sich eine weitere Kopiervorlage zum Thema ‚Möbel'.

Anschlussaktivitäten
- Im Anschluss wird die so entstandene Tabelle nach einer Kontrolle durch die Lehrkraft oder das Aushändigen des Lösungsblattes (Die Kopiervorlage kann gleichzeitig als Lösungsblatt verwendet werden.) ins Heft übertragen.
- Am nächsten Unterrichtstag bietet sich zur Wiederholung und Festigung der Artikel ein Spiel mit Bewegung an. Dazu werden die Artikel „der – das – die" jeweils auf eine Karte (blau, grün, rot) geschrieben und die Karten verteilt in verschiedenen Ecken des Raumes aufgehängt. Die Lehrkraft nennt ein Nomen und die Lernenden stellen sich in die Ecke mit dem richtigen Artikel.

der	die	das
Pilz	Paprika	Brot
Fisch	Tomate	Messer
Käse	Flasche	Ei
Kuchen	Gabel	Salz
Löffel	Zitrone	Hähnchen
Salat	Kartoffel	Öl
Apfel	Zwiebel	Eis

66 Sprachspiele für die Schule
ISBN 978-3-12-674156-9
Alles Digitale auf allango.net

der	die	das
Rock	Bluse	Unter-hemd
Hand-schuh	Hose	Hemd
Schuh	Krawatte	T-Shirt
Mantel	Mütze	Jackett
Anzug	Strumpf-hose	Kleid
Strumpf	Jacke	Halstuch

66 Sprachspiele für die Schule
ISBN 978-3-12-674156-9
Alles Digitale auf **allango.net**

1 Du warst beim Discounter *Waldi* und hast dort einige Preise notiert. Frage deine Partnerin / deinen Partner nach den Preisen vom Discounter *Igel*.

Redemittel
B: Wie viel kostet 1 Liter Milch bei *Waldi*?
A: 1,10 €.

	Discounter *Waldi*	Discounter *Igel*
1 Liter Milch	1,10 €	
1 Tafel Schokolade	0,99 €	
1 Dose Kakaopulver	2,79 €	
1 Flasche Orangensaft	1,15 €	
1 Packung Käse (Edamer)	3,95 €	
1 Tüte Bonbons	1,19 €	
1 Becher Joghurt	0,33 €	
1 Kilo Äpfel	1,49 €	
1 Packung Kekse	1,89 €	
½ Pfund Schinken	3,47 €	
1 Glas Marmelade	2,19 €	

2 Vergleiche jetzt die Preise. Was ist bei *Waldi* billiger oder genauso teuer? Diese Dinge möchtest du kaufen. Notiere vier Artikel (Beispiel: Schokolade), die Menge (Beispiel: 2 Tafeln) und den Preis (Beispiel: für 2 Tafeln).

Artikel	Menge	Preis
Gesamtbetrag:		

3 Frage deine Partnerin / deinen Partner, was sie / er bei Igel kauft. Notiere Artikel, Menge und Preis.

Redemittel
Was kaufst du bei …?
Wie viel? Wie viele? Was noch?

Artikel	Menge	Preis
Gesamtbetrag:		

4 Rechne jetzt nach. Stimmt der Gesamtbetrag? Wer zahlt weniger?

66 Sprachspiele für die Schule
ISBN 978-3-12-674156-9
Alles Digitale auf allango.net

© Ernst Klett Sprachen GmbH, Stuttgart 2019 | www.klett-sprachen.de | Alle Rechte vorbehalten. Die Nutzung der Inhalte für Text- und Data-Mining ist ausdrücklich vorbehalten und daher untersagt. Von dieser Druckvorlage ist die Vervielfältigung für den eigenen Unterrichtsgebrauch gestattet. Die Kopiergebühren sind abgegolten.

Klett

1 Du warst beim Discounter Igel und hast dort einige Preise notiert. Frage deine Partnerin / deinen Partner nach den Preisen vom Discounter *Waldi*.

Redemittel
A: Wie viel kostet 1 Kilo Äpfel bei *Igel*?
B: 1,80 €

	Discounter *Igel*	Discounter *Waldi*
1 Kilo Äpfel	1,80 €	
1 Liter Milch	0,98 €	
1 Tüte Bonbons	1,99 €	
1 Packung Käse (Edamer)	3,56 €	
1 Becher Joghurt	0,30 €	
1 Tafel Schokolade	1,15 €	
½ Pfund Schinken	3,20 €	
1 Dose Kakaopulver	2,79 €	
1 Glas Marmelade	2,27 €	
1 Flasche Orangensaft	0,95 €	
1 Packung Kekse	1,90 €	

2 Vergleiche jetzt die Preise. Was ist bei *Igel* billiger oder genauso teuer? Diese Dinge möchtest du kaufen. Notiere vier Artikel (Beispiel: Milch), die Menge (Beispiel: 2 Liter) und den Preis (Beispiel: für 2 Liter).

Artikel	Menge	Preis
	Gesamtbetrag:	

3 Frage deine Partnerin / deinen Partner, was sie / er bei *Waldi* kauft. Notiere Artikel, Menge und Preis.

Redemittel
Was kaufst du bei ...?
Wie viel? Wie viele? Was noch?

Artikel	Menge	Preis
	Gesamtbetrag:	

4 Rechne jetzt nach. Stimmt der Gesamtbetrag? Wer zahlt weniger?

66 Sprachspiele für die Schule
ISBN 978-3-12-674156-9
Alles Digitale auf **allango.net**

9 | Würfelspiel: Verben

Sprachniveau
A1

Lerninhalt / Themenfeld
Verbkonjugation

Anzahl der Spielerinnen / Spieler
beliebig

Spieldauer
10 Minuten

Benötigtes Material
- 2 große Würfel mit Einstecktaschen oder Würfel, die beklebt werden können (s. Hinweis auf S. 9)

Vorbereitung
- Kopiervorlagen kopieren und zerschneiden
- Personalpronomen in die Einstecktaschen des einen Würfels stecken, Verben in die des zweiten bzw. aufkleben

Spielverlauf
Die Lernenden stellen sich im Kreis auf und eine Person würfelt mit beiden Würfeln. Die Person, die gewürfelt hat, konjugiert das gewürfelte Verb.

Beispiel: | er heißt |

Die Lehrkraft greift bei Fehlern korrigierend ein.

Varianten
- Differenzierung: Die Lernenden bilden einen Satz.

  Beispiel: | „Er heißt Sayed." |

- Bei größeren Kursen kann auch in zwei oder mehr Gruppen gespielt werden, man braucht dann entsprechend mehr Würfel.
- Spielen die Lernenden in Gruppen gegeneinander, erhält jede Spielerin / jeder Spieler für eine richtige Antwort einen Punkt. Die Gruppe, die am Schluss die meisten Punkte hat, hat gewonnen.
- Es ist natürlich möglich, eigene Kärtchen mit anderen Verben zu schreiben.

Anmerkung
Am Ende von A1 kann die Kopiervorlage zum Üben des Perfekts noch einmal eingesetzt werden. Die Lernenden bilden dann das Partizip II bzw. ganze Sätze im Perfekt.

heißen

sprechen

kommen

haben

lesen

sein

ich	**du**
er / sie / es	**wir**
ihr	**sie / Sie**

66 Sprachspiele für die Schule
ISBN 978-3-12-674156-9
Alles Digitale auf **allango.net**

10 | Lebendige Sätze: Verbkönig

Sprachniveau
A1

Lerninhalt / Themenfeld
Satzstellung: Hauptsätze, W-Fragen

Anzahl der Spielerinnen / Spieler
mindestens 4

Spieldauer
10 Minuten

Benötigtes Material
- Pappe
- für die Variante: farbiges Papier

Vorbereitung
- Wörter und Satzzeichen der Kopiervorlage einzeln auf große Pappen kopieren oder schreiben (Wort- bzw. Satzzeichenkarten)
- große Krone kopieren und ausschneiden
- für die Variante: Sätze auf farbiges Papier kopieren (eine Farbe pro Satz)

Spielverlauf
Die Lernenden stellen sich zusammen in die Raummitte und jede Person bekommt eine Wort- bzw. Satzzeichenkarte. Die Lernenden überlegen zunächst gemeinsam, was es mit den Karten auf sich hat und was sie tun sollen. Ziel ist es, mit den Wortkarten Sätze zu bilden und sich so aufzustellen, dass man die Sätze von links nach rechts lesen kann. Danach werden die Sätze laut vorgelesen. Dann werden die Lernenden gebeten, sich so hintereinander aufzustellen, dass die Personen mit den Verben hintereinander in einer Reihe stehen. Die Lernenden mit den Verbkarten werden gebeten, diese hochzuhalten. Diese Gruppe bekommt die Krone, um die zweite Position des Verbs zu verdeutlichen.

Variante
Alternativ kann man die Kopiervorlage mehrfach kopieren, zerschneiden und die Lernenden die Sätze in Kleingruppen legen lassen.

Anmerkung
Das Verb ist der König und steht immer auf Position zwei (in Hauptsätzen und W-Fragen). Auch im Unterricht kann die Krone griffbereit hingelegt und bei Fehlern hochgehalten werden, um den Lernenden ein entsprechendes Signal zu geben.

Ich komme aus Frankreich .

Wie heißt du ?

Ich heiße Clara .

Wo wohnst du ?

Ich wohne in Köln .

66 Sprachspiele für die Schule
ISBN 978-3-12-674156-9
Alles Digitale auf **allango.net**

Klett

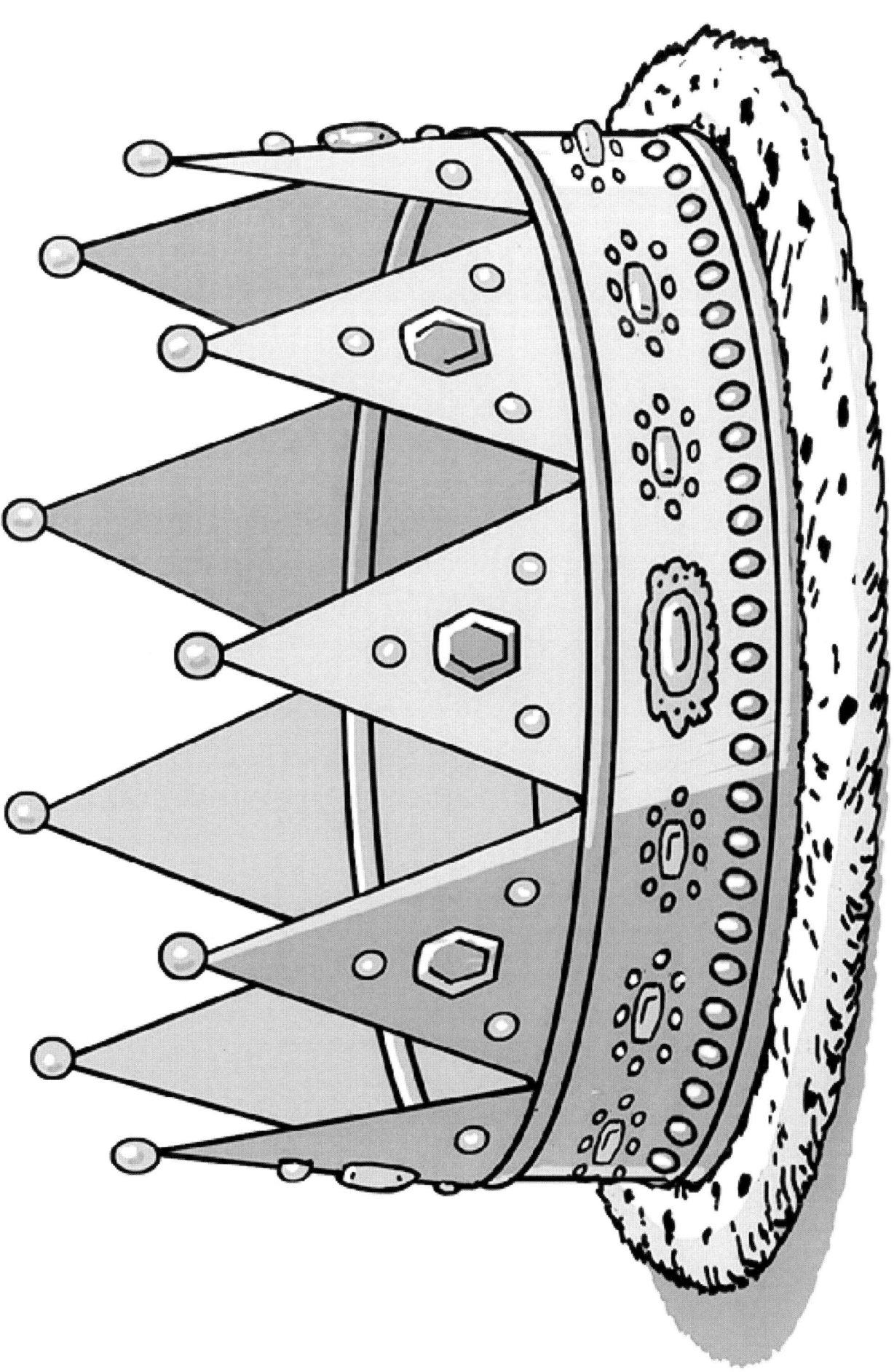

66 Sprachspiele für die Schule
ISBN 978-3-12-674156-9
Alles Digitale auf **allango.net**

11 | Silbensammler

Sprachniveau
A1

Lerninhalt / Themenfeld
Mehrsilbige Wörter; Silben, Wörter, Wortakzentuierung, Rhythmus

Anzahl der Spielerinnen / Spieler
4 bis 10, eingeteilt in Gruppen à 2 oder 3 Mitspieler

Spieldauer
ca. 30 Minuten

Vorbereitung

- Silbentafel (Variante 1 oder 2) kopieren und in Silbenkärtchen zerschneiden

Spielverlauf

Die Silbenkärtchen (Variante 1 oder 2) werden gemischt und gleichmäßig an die Gruppen verteilt. Die Gruppen versuchen nun, aus den Silben auf ihren Kärtchen passende Wörter zu bilden. Sicher bleiben in jeder Gruppe einige Silbenkärtchen übrig, aus denen sich keine Wörter bilden lassen – diese sind Tauschobjekte für den weiteren Spielverlauf. Nun sollen die Gruppen versuchen, so miteinander zu tauschen, dass sie noch weitere Wörter bilden können. Sie gehen zu einer anderen Spielgruppe und sagen zum Beispiel: „Ich habe die Silbe *GA* übrig – ich brauche die Silbe *TER* für *WÖRTERBUCH*."

Nach einer festgelegten Zeit sagt die Spielleiterin / der Spielleiter: „Stopp!" Die Lernenden bekommen nun die Aufgabe, die Wortakzentstellen und Vokalquantitäten auf ihren gelegten Wörtern zu markieren: lange Vokale mit Strich unter dem Vokal (z.B. *Schokolade*), kurze Vokale mit Punkt unter dem Vokal (z.B. *Torte*).

Dann lesen die Gruppen nacheinander alle Wörter vor, die sie gefunden haben.

Möglichkeit 1: Gewonnen hat die Gruppe mit den meisten Wörtern.
Möglichkeit 2: Gewonnen hat die Gruppe mit den meisten Wörtern, die außerdem noch korrekt vorgelesen wurden. Dazu wird eine Jury gebildet, die die richtige Aussprache überprüft.
Möglichkeit 3: Es werden Punkte verteilt (zweisilbige Wörter = 2 Punkte, dreisilbige Wörter = 3 Punkte, viersilbige Wörter = 4 Punkte) und zusammengezählt. Gewonnen hat die Gruppe mit den meisten Punkten.

Varianten

- Jede Silbe darf nur einmal verwendet werden (z.B. werden aus *GAR, TEN, HAUS, KIN, DER* gebildet: *Gartenhaus, Kinder*).
- Die Lernenden notieren auf einem Arbeitsblatt alle Wörter, die sich aus den Silben potenziell legen lassen würden, d.h. die Silben auf den Kärtchen dürfen für verschiedene Wörter verwendet werden (z.B. werden aus *GAR, TEN, HAUS, KIN, DER* gebildet: *Gartenhaus, Hausgarten, Kindergarten*).
- Die Gruppen tauschen die Silbenkärtchen nicht untereinander, sondern vervollständigen die Lücken selbst. Sind z.B. *FREMD* und *BUCH* vorhanden, können *WÖR* und *TER* ergänzt werden (*Fremdwörterbuch*).

- Die im Spiel (Variante 1) gefundenen Wörter werden so gesprochen, dass man hört, ob man etwas mag oder nicht.
- Man kann ähnliche Spiele mit anderen Wörtern (auch andere Wortarten, z.B. Verben) und Silben gestalten.
- Die im Spiel gefundenen Wörter können in eine Tabelle einsortiert und dann vorgelesen werden, z.B.:

Wortakzent auf der ...	2-silbiges Wort	3-silbiges Wort	4-silbiges Wort
... ersten Silbe	Nudeln		
... zweiten Silbe		Banane	
... dritten Silbe			

Anmerkungen

- Die Lernenden können die Wörter (Hörbeispiele 2 und 3) nach dem Spiel hören und nachsprechen (es gibt mehr Möglichkeiten als vorgegeben).
- Ermuntern Sie die Lernenden, alle gefundenen Wörter laut vorzulesen und den Wortakzent und die Vokalquantität und -qualität deutlich zu markieren (mit Gesten, besonders deutlich sprechen usw.).

Hörbeispiele 2 und 3 für Hör-, Nachsprech- und Diktatübungen

Lebensmittel

Schokolade, Marmelade, Nudeln, Birnen, Salat, Brötchen, Käse, Zwiebel, Torte, Kuchen, Würstchen, Erbsen, Erdbeereis, Banane, Gemüse, Tomate, Zitrone, Spiegelei

Vermischte Nomen

Päckchen, Werkzeug, Antwort, Bahnhof, Auge, Bleistift, Auto, Bruder, Dose, Farbe, Wörterbuch, Fremdsprache, Flughafen, Landkarte, Hausaufgabe, Kindergarten

Silbentafel (Variante 1: Lebensmittel)

SCHO	KO	LA	DE
MAR	ME	LA	DE
NU	DELN	BIR	NEN
SA	LAT	BRÖT	CHEN
KÄ	SE	ZWIE	BEL
TOR	TE	KU	CHEN
WÜRST	CHEN	ERB	SEN
ERD	BEER	EIS	BA
NA	NE	GE	MÜ
SE	TO	MA	TE
ZI	TRO	NE	SPIE
GEL	EI		

 66 Sprachspiele für die Schule
ISBN 978-3-12-674156-9
Alles Digitale auf **allango.net**

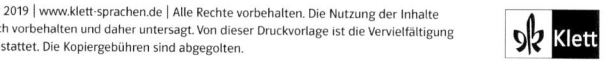

Silbentafel (Variante 2: Vermischte Nomen)

HAUS	AUF	GA	BE
KIN	DER	GAR	TEN
PÄCK	CHEN	WERK	ZEUG
ANT	WORT	BAHN	HOF
AU	GE	BLEI	STIFT
AU	TO	BRU	DER
DO	SE	FAR	BE
WÖR	TER	BUCH	FREMD
SPRA	CHE	FLUG	HA
FEN	LAND	KAR	TE

66 Sprachspiele für die Schule
ISBN 978-3-12-674156-9
Alles Digitale auf **allango.net**

12 | Lernen mit Musik

Sprachniveau
A1

Lerninhalt / Themenfeld
Plural

Anzahl der Spielerinnen / Spieler
beliebig

Spieldauer
5–10 Minuten

Benötigtes Material
- ruhige instrumentale Musik, Gerät zum Abspielen

Vorbereitung
- evtl. Kopiervorlage entsprechend der Anzahl der Gruppen kopieren
  (s. Anschlussaktivität)

Spielverlauf
Die Lernenden erhalten in Kleingruppen ein leeres Blatt. Sie nehmen sich einen Stift und arbeiten als stilles Team zusammen. Im Hintergrund läuft leise Musik. Solange die Musik läuft, darf nicht gesprochen werden. Die Lehrkraft nennt einen Oberbegriff und die Lernenden schreiben nun zu dem genannten Oberbegriff (Lebensmittel, Kleidung, Möbel, o.Ä.) so viele Pluralformen auf, wie ihnen in der vorgegebenen Zeit einfallen. Es gewinnt die Gruppe, die die meisten richtigen Pluralformen notiert hat.

Anschlussaktivität
Zusätzliche Pluralformen der anderen Gruppen werden ebenfalls notiert. Im Anschluss füllen die Gruppen die Tabelle der Kopiervorlage aus, vergleichen ihre Ergebnisse im Plenum und übertragen die Tabelle in ihr Heft.

¨er									
-									
¨									
-er									
¨e									
-en									
-n									
-s									
-e									

1 **Frage deine Partnerin / deinen Partner.**

2 **Erzähle dann in der Klasse.**

Redemittel
1. B: Hat Carmen Geduld?
   A: Ja, hat sie.

2.   Pedro hat …, aber Carmen hat keine / keinen / keines.
   oder: Pedro hat keine … und Carmen auch nicht.
   oder: Pedro hat … und Carmen auch.

	Pedro	Carmen	du	deine Partnerin / dein Partner
Geduld		+		
morgen Unterricht		+		
Geschwister	+			
ein Tablet		−		
viel Zeit	−			
Durst		−		
Probleme	+			
Geld		−		
jetzt Hunger		+		
am Samstag frei	−			
Familie in Deutschland	+			

+ = Ja   − = Nein

3 **Was trifft auf dich zu? Was trifft auf deine Partnerin / deinen Partner zu? Kreuze an. Erzähle in der Klasse.**

66 Sprachspiele für die Schule
ISBN 978-3-12-674156-9
Alles Digitale auf **allango.net**

B

1 Frage deine Partnerin / deinen Partner.

2 Erzähle dann in der Klasse.

Redemittel

1. A: Hat Pedro Geduld?
   B: Nein, er hat keine.

2. Pedro hat …, aber Carmen hat keine / keinen / keines.
   oder: Pedro hat keine … und Carmen auch nicht.
   oder: Pedro hat … und Carmen auch.

	Pedro	Carmen	du	deine Partnerin / dein Partner
Geduld	−			
morgen Unterricht	+			
Geschwister		−		
ein Tablet	+			
viel Zeit		−		
Durst	+			
Probleme		+		
Geld	+			
jetzt Hunger	−			
am Samstag frei		+		
Familie in Deutschland		+		

+ = Ja   − = Nein

3 Was trifft auf dich zu? Was trifft auf deine Partnerin / deinen Partner zu? Kreuze an. Erzähle in der Klasse.

66 Sprachspiele für die Schule
ISBN 978-3-12-674156-9
Alles Digitale auf **allango.net**

Frage deine Partnerin / deinen Partner: Was brauchen Herr Grün, Nikola und Fatlum, Sarah, Herr Mourad, Leyla und sie / er selbst? Zeichne die Antworten ein.

Redemittel
B: Was braucht Fabio?
A: Er braucht einen Regenschirm.

B: Was brauchst du?
A: Ich brauche dringend ein / eine / einen … und …

| Herr Grün |
| Fabio |
| Nikola und Fatlum |
| Frau Sobottka |
| Sarah |
| du |
| deine Partnerin / dein Partner |
| Marco |
| Herr Mourad |
| Hanna und Florian |
| Leyla |
| Frau Kovacz |

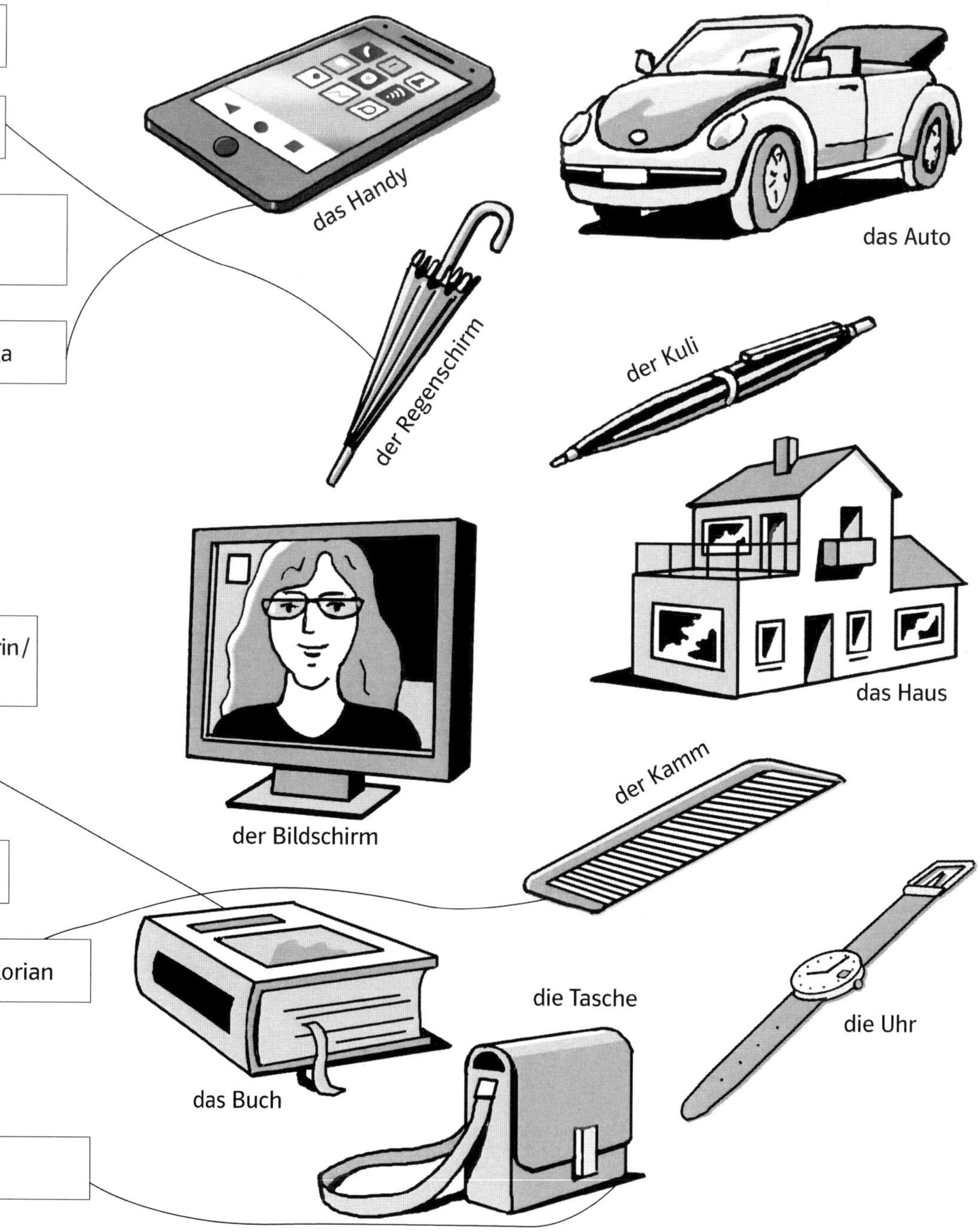

das Handy

das Auto

der Regenschirm

der Kuli

der Bildschirm

das Haus

der Kamm

die Tasche

die Uhr

das Buch

66 Sprachspiele für die Schule
ISBN 978-3-12-674156-9
Alles Digitale auf allango.net

B

Frage deine Partnerin / deinen Partner: Was brauchen Fabio, Frau Sobottka, Marco, Hanna und Florian, Frau Kovacz und sie / er selbst? Zeichne die Antworten ein.

Redemittel

A: Was braucht Sarah?
B: Sie braucht einen Kuli.

A: Was brauchst du?
B: Ich brauche dringend ein / eine / einen … und …

Herr Grün

Fabio

Nikola und Fatlum

Frau Sobottka

Sarah

du

deine Partnerin / dein Partner

Marco

Herr Mourad

Hanna und Florian

Leyla

Frau Kovacz

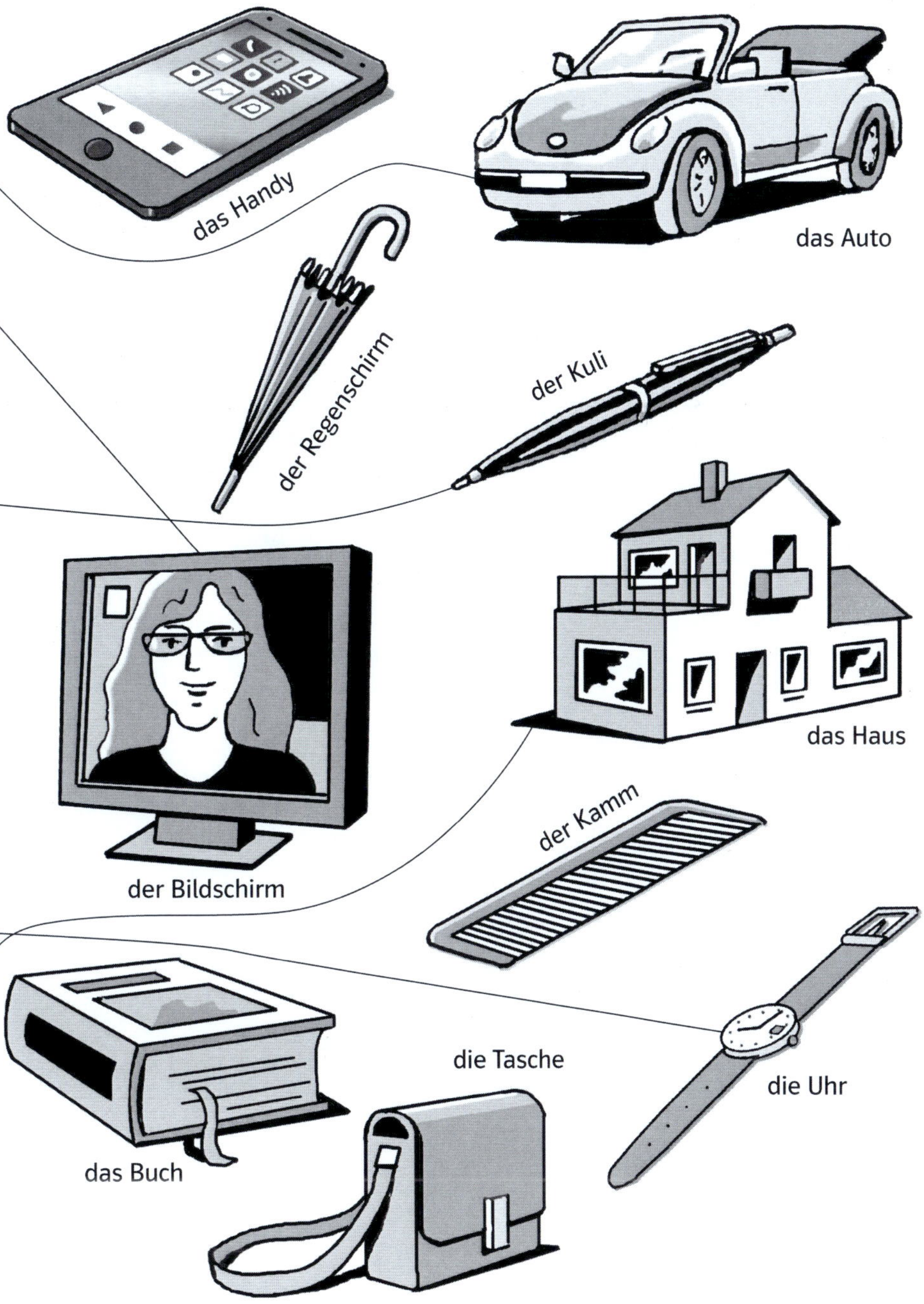

das Handy

das Auto

der Regenschirm

der Kuli

der Bildschirm

das Haus

der Kamm

die Tasche

die Uhr

das Buch

15 | Bodenfliesenspiel: Akkusativ

Sprachniveau
A1

Lerninhalt / Themenfeld
Verben mit Akkusativ

Anzahl der Spielerinnen / Spieler
beliebig

Spieldauer
10 Minuten

Benötigtes Material
- 12 Pappen, DIN A4
- dicke Stifte
- 2 (größere) Würfel
- 12 leere Papierstreifen (ca. 7 x 20 cm)

Vorbereitung
- Kopiervorlage kopieren und zerschneiden
- Pappen mit den Zahlen 1–12 beschriften und kreisförmig im Unterrichtsraum auslegen (so entsteht ein Spielfeld)
- Verben der Kopiervorlage untereinander in die Mitte des Kreises legen

Spielverlauf
Die Lernenden schreiben mit den dicken Stiften ein Lebensmittel mit Artikel auf die leeren Papierstreifen und legen sie unter eine Zahl auf die im Kreis liegenden Pappen. Nun beginnt das Spiel. Dazu stellen sich die Lernenden im Kreis um das Spielfeld auf. Eine Person beginnt und würfelt wahlweise mit einem oder zwei Würfeln. Wird mit zwei Würfeln gewürfelt, werden die Zahlen addiert. Die / Der Lernende bildet nun einen Satz mit dem Wort, das unter der gewürfelten Zahl liegt, und einem der Verben, die in der Mitte des Kreises liegen.

Beispiel: „Ich schneide das Brot."

Dann würfelt die nächste Person.

Anmerkungen
- Die Verben der Kopiervorlage unterstützen die Lernenden während des Spiels zusätzlich, da sie sich auf die Bildung des Akkusativs konzentrieren können.
- Bei lernstärkeren Gruppen kann auf die Artikel zu den Nomen verzichtet werden.

schneiden	kochen
backen	braten
mögen	nehmen
probieren	kaufen
finden	machen
essen	holen

66 Sprachspiele für die Schule
ISBN 978-3-12-674156-9
Alles Digitale auf **allango.net**

Lebensmittel

Notiere, wie du diese Lebensmittel findest. Dann frage deine Partnerin / deinen Partner.

Redemittel

A: Magst du Nudeln?
B: Ja, Nudeln finde ich ausgesprochen lecker.

	du	deine Partnerin / dein Partner
Nudeln		
Kartoffeln		
Äpfel		
Zwiebeln		
Eier		
Oliven		
Pilze		
Orangen		
Radieschen		
Nüsse		

+++	Ja, … finde ich ausgesprochen lecker.
++	Ja, … mag ich sehr gern.
+	Ja, … mag ich.
+ –	Naja, … esse ich auch.
–	Nein, … mag ich nicht.
– –	Nein, … mag ich gar nicht.
– – –	Nein, … esse ich überhaupt nicht.

Tiere

Notiere, wie du diese Tiere findest. Dann frage deine Partnerin / deinen Partner.

Redemittel

A: Magst du Katzen?
B: Ja, Katzen finde ich sehr süß.

	du	deine Partnerin / dein Partner
Katzen		
Hunde		
Mäuse		
Bären		
Hühner		
Spinnen		
Elefanten		
Ponys		
Schlangen		
Igel		

+++	Ja, … finde ich sehr süß.
++	Ja, … mag ich sehr gern.
+	Ja, … mag ich.
+ –	Naja, … finde ich nicht so besonders.
–	Nein, … mag ich nicht.
– –	Nein, … mag ich gar nicht.
– – –	Nein, … kann ich nicht ausstehen.

66 Sprachspiele für die Schule
ISBN 978-3-12-674156-9
Alles Digitale auf **allango.net**

Klett

B

Lebensmittel
Notiere, wie du diese Lebensmittel findest. Dann frage deine Partnerin / deinen Partner.

Redemittel
B: Magst du Nudeln?
A: Ja, Nudeln finde ich ausgesprochen lecker.

	du	deine Partnerin / dein Partner
Nudeln		
Kartoffeln		
Äpfel		
Zwiebeln		
Eier		
Oliven		
Pilze		
Orangen		
Radieschen		
Nüsse		

+++ Ja, … finde ich ausgesprochen lecker.
++ Ja, … mag ich sehr gern.
+ Ja, … mag ich.
+ – Naja, … esse ich auch.
– Nein, … mag ich nicht.
– – Nein, … mag ich gar nicht.
– – – Nein, … esse ich überhaupt nicht.

Tiere
Notiere, wie du diese Tiere findest. Dann frage deine Partnerin / deinen Partner.

Redemittel
B: Magst du Katzen?
A: Ja, Katzen finde ich sehr süß.

	du	deine Partnerin / dein Partner
Katzen		
Hunde		
Mäuse		
Bären		
Hühner		
Spinnen		
Elefanten		
Ponys		
Schlangen		
Igel		

+++ Ja, … finde ich sehr süß.
++ Ja, … mag ich sehr gern.
+ Ja, … mag ich.
+ – Naja, … finde ich nicht so besonders.
– Nein, … mag ich nicht.
– – Nein, … mag ich gar nicht.
– – – Nein, … kann ich nicht ausstehen.

66 Sprachspiele für die Schule
ISBN 978-3-12-674156-9
Alles Digitale auf **allango.net**

Klett

1 Was können deine Freunde? Vieles weißt du schon, aber nicht alles. Frage deine Partnerin / deinen Partner.

Tja!
Was ich alles kann!
Golf spielen, singen,
Auto fahren, reiten,
schwimmen, Tennis
spielen, Tango tanzen
und surfen!

Angeber!

Redemittel
B: Kann Tobias singen?
A: Ja, er kann einigermaßen singen.

sehr gut	+ +	einigermaßen	+ –
fantastisch	+ +	mehr oder weniger gut	+ –
ausgezeichnet	+ +	nicht so besonders gut	+ –
ganz toll	+ +	nicht so gut	–
einmalig	+ +	ein bisschen	–
ganz ordentlich	+	kaum	–
toll	+	kein bisschen	– –
gut	+	überhaupt nicht	– –

	Tobias, 18 Jahre	Annika, 15, und Tom, 17 Jahre	Leonie, 16 Jahre	Frau Meier, 46 Jahre	du	deine Partnerin / dein Partner
singen	einigermaßen		kein bisschen			
kochen	nur Spiegeleier	ja, ausgezeichnet				
tanzen		ja, ganz toll		nicht mehr so gut		
schwimmen	ja, wie ein Fisch		nicht so gut			
zeichnen			ja, ganz toll	nein, überhaupt nicht		
Fußball spielen		Tom ja, aber Annika nicht		nein, überhaupt nicht		
stricken		beide überhaupt nicht		ja, ganz toll		
Skateboard fahren	ja, mehr oder weniger gut		ja, ganz toll			

2 Notiere auch deine eigenen Fähigkeiten.

3 Frage dann deine Partnerin / deinen Partner, was sie / er gut kann.

4 Erzähle der Klasse, was du über die Personen und deine Partnerin / deinen Partner weißt oder erfahren hast.

66 Sprachspiele für die Schule
ISBN 978-3-12-674156-9
Alles Digitale auf allango.net

1 Was können deine Freunde? Vieles weißt du schon, aber nicht alles. Frage deine Partnerin / deinen Partner.

> Tja!
> Was ich alles kann!
> Golf spielen, singen,
> Auto fahren, reiten,
> schwimmen, Tennis
> spielen, Tango tanzen
> und surfen!

> Angeber!

Redemittel
A: Können Annika und Tom singen?
B: Ja, sie können fantastisch singen.

sehr gut	+ +	einigermaßen	+ –
fantastisch	+ +	mehr oder weniger gut	+ –
ausgezeichnet	+ +	nicht so besonders gut	+ –
ganz toll	+ +	nicht so gut	–
einmalig	+ +	ein bisschen	–
ganz ordentlich	+	kaum	–
toll	+	kein bisschen	– –
gut	+	überhaupt nicht	– –

	Tobias, 18 Jahre	Annika, 15, und Tom, 17 Jahre	Leonie, 16 Jahre	Frau Meier, 46 Jahre	du	deine Partnerin/ dein Partner
singen		ja, fantastisch		nicht so besonders gut		
kochen			kaum	ja, sogar sehr gut		
tanzen	ein bisschen		ja, ganz ordentlich			
schwimmen		ja, sehr gut		einigermaßen		
zeichnen	ja, einmalig	mehr oder weniger gut				
Fußball spielen	ja, toll		ein bisschen			
stricken	ein bisschen		ja, gut			
Skateboard fahren		einigermaßen		überhaupt nicht		

2 Notiere auch deine eigenen Fähigkeiten.

3 Frage dann deine Partnerin / deinen Partner, was sie / er gut kann.

4 Erzähle der Klasse, was du über die Personen und deine Partnerin / deinen Partner weißt oder erfahren hast.

Du willst mit deiner Partnerin /
deinem Partner ins Kino gehen.
Hier ist dein Terminkalender.
Wann haben du und deine Partnerin /
dein Partner Zeit? Um wie viel Uhr?
Notiere die Tage und Zeiten.

Redemittel

– Hast du am … um … … Uhr Zeit?
– Können wir am … um … … Uhr ins Kino gehen?
– Wie wär's mit … um … … Uhr?

– Nein, da kann ich nicht. Da muss ich … .
– Nein, da kann ich nicht. Da will ich … .
– Ja, da kann ich.

	Montag	Dienstag	Mittwoch	Donnerstag	Freitag	Samstag	Sonntag
14:00 – 16:00	zur Tanz-AG	einmal ausruhen	zum Fußball-training	zum Zahnarzt			
16:00 – 18:00		zum Englisch-unterricht					
18:00 – 20:00	mit Sabine ins Kino			zur Gymnastik	zur Fahrstunde		
20:00 – 22:00			ins Musical	früh ins Bett gehen			

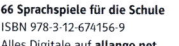
66 Sprachspiele für die Schule
ISBN 978-3-12-674156-9
Alles Digitale auf **allango.net**

Klett

Du willst mit deiner Partnerin / deinem Partner ins Kino gehen.
Hier ist dein Terminkalender.
Wann haben du und deine Partnerin / dein Partner Zeit? Um wie viel Uhr?
Notiere die Tage und Zeiten.

Redemittel
– Hast du am … um … Uhr Zeit?
– Können wir am … um … um … Uhr ins Kino gehen?
– Wie wär's mit … am … Uhr?
– Nein, da kann ich nicht. Da muss ich …
– Nein, da kann ich nicht. Da will ich …
– Ja, da kann ich.

	Montag	Dienstag	Mittwoch	Donnerstag	Freitag	Samstag	Sonntag
14:00 – 16:00					zur Fridays-for-Future-Demo gehen	meine Tante besuchen	einen Ausflug mit der Familie machen
16:00 – 18:00	zur Theatergruppe		zur Bandprobe	zum Fotokurs			
18:00 – 20:00		zur AG Schülerzeitung gehen					
20:00 – 22:00	zur Yogagruppe	zum Deutschunterricht		zum Deutschunterricht		ins Rockkonzert	

66 Sprachspiele für die Schule
ISBN 978-3-12-674156-9
Alles Digitale auf allango.net

Klett

Frage deine Partnerin / deinen Partner. Zeichne die Antworten in die leeren Uhren.

Redemittel
B: Um wie viel Uhr / Wann steht Herr Fischer auf?
A: Um halb sechs.

	Herr Fischer	Lena	du	deine Partnerin / dein Partner
aufstehen				
frühstücken				
das Haus verlassen				
bei der Arbeit / in der Schule ankommen				
zu Mittag essen				
Feierabend / Schulschluss haben				
zu Abend essen				
ins Bett gehen				

66 Sprachspiele für die Schule
ISBN 978-3-12-674156-9
Alles Digitale auf allango.net

Frage deine Partnerin / deinen Partner. Zeichne die Antworten in die leeren Uhren.

Redemittel
A: Um wie viel Uhr / Wann steht Lena auf?
B: Um Viertel nach sieben.

	Herr Fischer	Lena	du	deine Partnerin / dein Partner
aufstehen				
frühstücken				
das Haus verlassen				
bei der Arbeit / in der Schule ankommen				
zu Mittag essen				
Feierabend / Schulschluss haben				
zu Abend essen				
ins Bett gehen				

66 Sprachspiele für die Schule
ISBN 978-3-12-674156-9
Alles Digitale auf **allango.net**

20 | Was hast du gemacht? – Erklären, malen, Pantomime

Sprachniveau
A1

Lerninhalt / Themenfeld
Perfekt

Anzahl der Spielerinnen / Spieler
Plenum

Spieldauer
10–15 Minuten

Vorbereitung
- Kopiervorlage kopieren und zerschneiden
- *erklären – malen – Pantomime – Joker* an die Tafel schreiben

Spielverlauf
Die Kärtchen der Kopiervorlage werden verdeckt auf das Pult gelegt. Die Lehrkraft beginnt oder bittet eine / einen der Lernenden nach vorne. Sie / Er nimmt eine Karte und kann sich nun entscheiden, wie sie / er das Verb auf der Karte erklären möchte. Es gibt drei Möglichkeiten: Man kann das Verb umschreiben, an die Tafel malen oder pantomimisch darstellen. Die anderen Lernenden raten, welches Verb erklärt wird, und bilden mit dem Verb einen Satz im Perfekt.

Beispiel: | „Du hast Musik gehört."

Die Lernerin / Der Lerner, die / der das Wort erraten hat, darf die Verbkarte behalten und ist nun an der Reihe. Sollte jemand das Verb auf der Karte nicht kennen oder nicht erklären können, kommt der Joker ins Spiel. Die Karte wird wieder hingelegt und eine neue Karte gezogen. Für jedes erratene Verb gibt es einen Punkt. Die Lernerin / Der Lerner mit den meisten Karten (Punkten) ist der Perfekt-Champion.

Anmerkungen
- Das Spiel kann beliebig lange dauern. Es kann entweder gespielt werden, bis alle Karten ‚gewonnen' wurden, oder man kann eine bestimmte Zeit festlegen, z.B. zehn Minuten, und dann die Gewinnerin / den Gewinner ermitteln.
- Die leeren Zellen auf der Kopiervorlage sind für eigene Verben gedacht, die beispielsweise für die jeweilige Lektion im Lehrbuch wichtig sind oder aus anderen Gründen geübt oder wiederholt werden sollen.
- Das Spiel bietet sich zu einem späteren Zeitpunkt, z.B. auf dem Niveau A2, mit den Zeitangaben noch einmal an (s. Kopiervorlage im Anhang B, S. 159). Dann sind die Lernenden in der Lage zur Inversion und können die Sätze auch mit der Zeitangabe beginnen. Die Lernerin / Der Lerner, die / der das Verb erraten hat, zieht dazu ein Kärtchen mit einer Zeitangabe und beginnt den Satz damit.
- Es ist dabei sinnvoll, vor dem Spiel die Satzstellung bei Inversion noch einmal zu wiederholen.

frühstücken	Musik hören
tanzen	grillen
schreiben	essen
trinken	lesen
treffen	schlafen
kaufen	backen
aufstehen	kochen
aufräumen	laufen
schwimmen	Fahrrad fahren

66 Sprachspiele für die Schule
ISBN 978-3-12-674156-9
Alles Digitale auf **allango.net**

21 | Fädenspiel: Gemeinsamkeiten finden

Sprachniveau
A1

Lerninhalt / Themenfeld
Perfekt

Anzahl der Spielerinnen / Spieler
beliebig

Spieldauer
15–20 Minuten

Benötigtes Material
- ca. 1 m lange Fäden, halb so viele wie Lernende

Vorbereitung
- evtl. Kopiervorlage kopieren und an schwächere Lernende verteilen
  (s. Anmerkung)

Spielverlauf
Die Lehrkraft greift alle Fäden in der Mitte. In großen Gruppen können die Fäden geteilt und in beiden Händen gehalten werden. Nun bittet die Lehrkraft die Lernenden, jeweils ein Ende eines Fadens zu nehmen und festzuhalten. Die Lehrkraft hält die Fäden auch weiterhin fest und kann nun in Ruhe den Spielverlauf erklären. Sie bittet die Lernenden, in Partnerarbeit drei gemeinsame Aktivitäten zu finden, die beide am Wochenende gemacht haben. Dann lässt die Lehrkraft die Fäden los, bittet aber vorher die Lernenden noch einmal, dass sie die Fäden festhalten.
Die Lernenden haben nun am anderen Ende ihres Fadens ihre Partnerin / ihren Partner, mit der / dem sie die Aufgabe durchführen.
Am Schluss kommen alle wieder im Kreis zusammen, um der Gruppe die Dinge mitzuteilen, die beide am Wochenende gemacht haben. Die Lehrkraft sammelt dabei nach und nach die Fäden wieder ein und sieht auf diese Weise, welches Paar noch nicht an der Reihe war.

Anmerkung
Die Fragen der Kopiervorlage können bei Bedarf als Unterstützung an die Lernenden ausgeteilt werden. Stärkere Lernende können das Gespräch frei führen.

Hast du ein Buch gelesen?	**Hast du einen Film angeschaut?**
Hast du die Wohnung aufgeräumt?	**Hast du dein Zimmer aufgeräumt?**
Hast du telefoniert?	**Hast du geskypt?**
Hast du deinen Freund besucht?	**Hast du deine Freundin besucht?**
Hast du einen Kuchen gebacken?	**Hast du ein Bild gemalt?**
Hast du E-Mails geschrieben?	**Hast du eine SMS geschrieben?**
Bist du spazieren gegangen?	**Bist du ins Konzert gegangen?**
Bist du Fahrrad gefahren?	**Bist du Inliner gefahren?**
Hast du deine Großeltern getroffen?	**Hast du für den Test gelernt?**
Hast du Vokabeln gelernt?	**Hast du das Gedicht gelernt?**
Hast du lange gefrühstückt?	**Hast du lange geschlafen?**
Bist du zum Sport gegangen?	**Bist du ins Museum / Stadion gegangen?**

66 Sprachspiele für die Schule
ISBN 978-3-12-674156-9
Alles Digitale auf **allango.net**

22 | 20 Leute, 20 Wochenenden

Sprachniveau
A1

Lerninhalt / Themenfeld
- Wortschatz anwenden: Verben, Verbgefüge; Freizeitaktivitäten
- Grammatik: Perfekt, Präteritum von *sein* und *haben*

Anzahl der Spielerinnen / Spieler
alle / Großgruppe (bis zu 20 Personen)

Spieldauer
15–20 Minuten

Vorbereitung
- Kopiervorlage für alle Lernenden einmal kopieren
- auf jeder Kopie eine andere der dargestellten Personen rot markieren (s. Anmerkung)

Spielverlauf
Sammeln Sie vor dem Spiel Wortschatz für Freizeitaktivitäten an der Tafel:
z.B. *schlafen, joggen, spazieren gehen, Freunde treffen, fernsehen, schwimmen, faulenzen* usw.
Alle bekommen eine Kopie, die sie niemandem zeigen dürfen. Für die jeweils markierte Person sollen die Lernenden ein Wochenende erfinden. Sagen Sie: „Eine Person ist rot markiert. Was hat diese Person am letzten Wochenende gemacht? Bitte notiere dir Stichwörter auf den Linien."
Wenn alle fertig sind, stehen sie auf und befragen wechselnde Partnerinnen / Partner.

Beispiel: | „Was hat Herr Schmidt am Wochenende gemacht? Weißt du das?"

Die Lernenden notieren sich stichwortartig auf den Linien der Kopie, was sie herausgefunden haben.
4. Nach ca. zehn Minuten stoppen Sie das Spiel. Wer hat die meisten Informationen gefunden?

Variante
Es können auch andere Angaben zu den Personen stichwortartig ergänzt und erfragt werden, z.B. Was isst die Person zum Frühstück? Was hat sie zu Weihnachten bekommen?

Anmerkung
Das Spiel ist für Gruppen von bis zu 20 Lernenden geeignet. Wenn es weniger als 20 sind, markieren Sie auf einigen Blättern eine zusätzliche Person, sodass alle 20 dargestellten Personen erfasst sind, oder streichen Sie vor dem Kopieren die entsprechende Anzahl an Personen aus.

Redemittel
- Was hat ... am Wochenende gemacht? – Weißt du das?
- Tut mir leid, das weiß ich nicht.
- Sie / Er hat / ist ...
- Sie / Er war / hatte ...

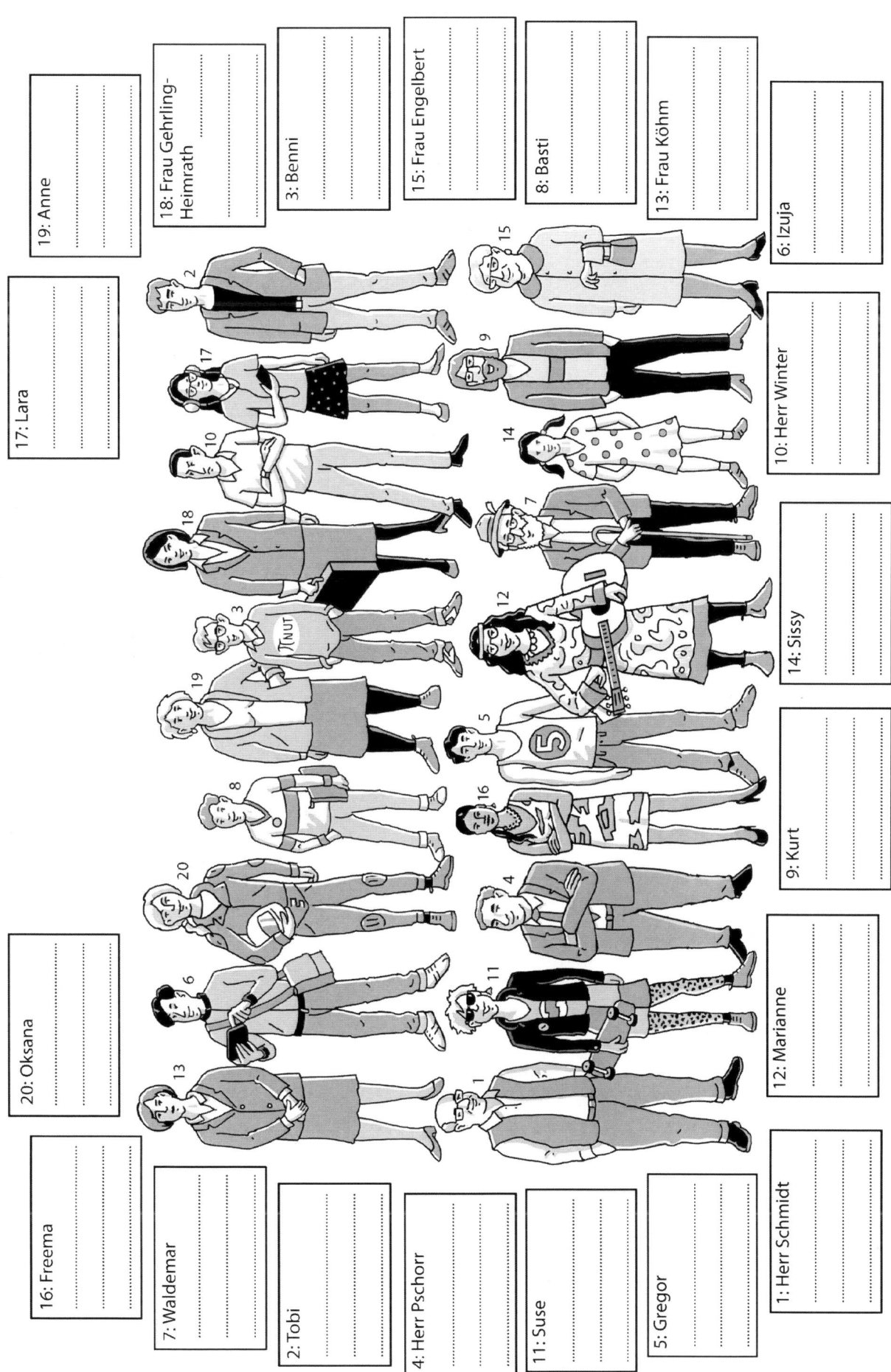

19: Anne

18: Frau Gehrling-Heimrath

3: Benni

15: Frau Engelbert

8: Basti

13: Frau Köhm

6: Izuja

17: Lara

10: Herr Winter

14: Sissy

9: Kurt

20: Oksana

16: Freema

7: Waldemar

2: Tobi

4: Herr Pschorr

11: Suse

5: Gregor

12: Marianne

1: Herr Schmidt

66 Sprachspiele für die Schule
ISBN 978-3-12-674156-9
Alles Digitale auf allango.net

1 Wie findest du die Personen? Schreibe zuerst deine Meinung unter A.

2 Frage dann deine Partnerin / deinen Partner. Notiere die Antworten unter B.

sehr attraktiv	+ +
wirklich nett	+ +
cool	+ +
süß	+
sympathisch	+
verrückt	+ –
langweilig	+ –
doof	–
blöd	–
unmöglich	– –
schrecklich	– –
total bescheuert	– –

Redemittel

A: Was hältst du von Maria / Michael?
   Wie findest du Maria / Michael?
B: Ich finde sie / ihn …
   Die / Den finde ich …

Frau Fischer

Jonas

Nina

Michael

A _____   _____   _____   _____

B _____   _____   _____   _____

Maria

Herr Koch

Sandy

Anton

A _____   _____   _____   _____

B _____   _____   _____   _____

Maya

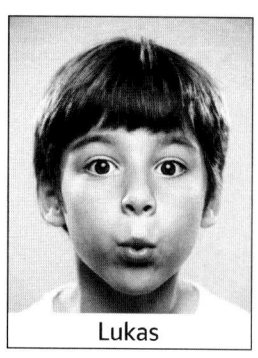

Lukas

Lehrerin /
Lehrer

?

A _____   _____   _____   _____

B _____   _____   _____   _____

66 Sprachspiele für die Schule
ISBN 978-3-12-674156-9
Alles Digitale auf **allango.net**

Klett

1 Wie findest du die Personen? Schreibe zuerst deine Meinung unter B.

2 Frage dann deine Partnerin / deinen Partner. Notiere die Antworten unter A.

sehr attraktiv	+ +
wirklich nett	+ +
cool	+ +
süß	+
sympathisch	+
verrückt	+ −
langweilig	+ −
doof	−
blöd	−
unmöglich	− −
schrecklich	− −
total bescheuert	− −

Redemittel
A: Was hältst du von Maria / Michael?
   Wie findest du Maria / Michael?
B: Ich finde sie / ihn …
   Die / Den finde ich …

Frau Fischer

Jonas

Nina

Michael

B _____   _____   _____   _____

A _____   _____   _____   _____

Maria

Herr Koch

Sandy

Anton

B _____   _____   _____   _____

A _____   _____   _____   _____

Maya

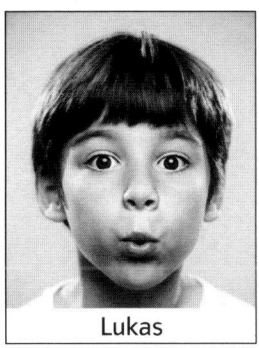

Lukas

Lehrerin /
Lehrer

?

B _____   _____   _____   _____

A _____   _____   _____   _____

 66 Sprachspiele für die Schule
ISBN 978-3-12-674156-9
Alles Digitale auf **allango.net**

Klett

24 | Wie komme ich zu …?

Sprachniveau
A1

Lerninhalt / Themenfeld
Präpositionen mit Dativ (*zu*, *mit*)

Anzahl der Spielerinnen / Spieler
beliebig

Spieldauer
15 Minuten

Benötigtes Material
- ▪ 2 große Würfel mit Einstecktaschen oder Würfel, die beklebt werden können (s. Hinweis auf S. 9)

Vorbereitung
- ▪ Kopiervorlagen kopieren und zerschneiden
- ▪ Karten mit Orten in die Einstecktaschen des einen Würfels, Karten mit Verkehrsmitteln in die des zweiten Würfels stecken bzw. aufkleben

Spielverlauf
Die Lernenden stellen sich im Kreis auf und würfeln reihum mit beiden Würfeln. Die Person, die gewürfelt hat, bildet einen Satz mit den gewürfelten Wörtern.

Beispiel: | „Ich fahre mit dem Fahrrad zur Schule."

Die Lehrkraft greift bei Fehlern korrigierend ein.

Varianten
- ▪ Alternativ zu den Wortkarten *zu Fuß, Fahrrad, Bus, Zug, Auto* und *Straßenbahn* können die Bildkarten benutzt werden, um zusätzlich den Wortschatz zu üben.
- ▪ Man kann auch mit zwei Gruppen parallel spielen, man braucht dann insgesamt vier Würfel.

Redemittel
- ▪ Ich gehe zu Fuß …
- ▪ Ich fahre mit dem Fahrrad, mit dem Bus, mit dem Zug, mit dem Auto, mit der Straßenbahn …
- ▪ … zur Apotheke, zur Uni / zur Schule, zur Firma, zum Supermarkt, zum Kino, zum Bahnhof.

Apotheke

Uni / Schule

Firma

Super- markt

Kino

Bahnhof

zu Fuß

Fahrrad

Bus

Zug

Auto

Straßen-bahn

66 Sprachspiele für die Schule
ISBN 978-3-12-674156-9
Alles Digitale auf **allango.net**

25 | Klassenspaziergang

Sprachniveau
A1

Lerninhalt / Themenfeld
Temporale Präpositionen mit Dativ (*seit, vor*)

Anzahl der Spielerinnen / Spieler
ab 6

Spieldauer
5–10 Minuten

Benötigtes Material
- Musik, Gerät zum Abspielen

Vorbereitung
- Kopiervorlage kopieren und zerschneiden

Spielverlauf
Alle Lernenden erhalten eine Karte der Kopiervorlage. Die Musik wird gestartet und die Lernenden bewegen sich im Raum. Wenn die Musik stoppt, suchen sich alle eine Partnerin / einen Partner und befragen sich gegenseitig. Wenn die Musik wieder beginnt, tauscht das Paar die Kärtchen der Kopiervorlage und die Lernenden gehen wieder durch den Raum. Das Spiel wird auf diese Weise ein paarmal wiederholt.

Anmerkungen
- In leistungsstarken Gruppen können die Lernenden auf einige Fragen alternativ mit *mit* antworten.

  Beispiel: | „Wann hast du schwimmen gelernt?" – „Mit sechs (Jahren)."

- Wenn man das Spiel (auch mit anderen Sätzen) häufiger durchführt, wählt man am besten immer die gleiche oder ähnliche Musik. Auf diese Weise wissen die Lernenden sofort, was sie tun sollen, wenn sie die Musik hören. Man spart viel Zeit, da man das Spiel nicht erneut erklären muss.
- Während des Spiels steht die Lehrkraft so im Raum, dass sie bei Fragen jederzeit „angespielt" und um Hilfe gebeten werden kann.
- Sollten sich Fragen für die Lerngruppe nicht eignen, können diese weggelassen werden.
- Es ist auch möglich, eigene Fragen passend zum jeweiligen Kapitel im Lehrbuch zu ergänzen.

Wie lange lebst du schon in … (Stadt)?	**Wie lange sprichst du schon … (Sprache)?**
Seit wann lernst du Deutsch?	**Seit wann lernst du … (Sprache)?**
Seit wann bist du in Deutschland?	**Seit wann kannst du lesen?**
Seit wann kennst du deine Freundin / deinen Freund?	**Seit wann spielst du … (z.B. Fußball)?**
Wann hast du Fahrrad fahren gelernt?	**Wann hast du Notenlesen gelernt?**
Wann hast du laufen gelernt?	**Wann hast du dein erstes Fahrrad bekommen?**
Wann hast du die Grundschule beendet?	**Wann hast du … (z.B. Buch) beendet?**
Seit wann machst du Musik?	**Seit wann suchst du einen Schülerjob?**
Wann warst du das letzte Mal im Kino?	**Wann warst du das letzte Mal im Konzert?**
Seit wann verdienst du dein eigenes Taschengeld?	**Seit wann spielst du … (Instrument)?**
Wann hast du schwimmen gelernt?	**Wann hast du tauchen gelernt?**
Wann bist du zum ersten Mal (allein) verreist?	**Wann bist du zum letzten Mal (allein) verreist?**
Wann warst du zum ersten Mal verliebt?	**Wann warst du zum ersten Mal im Theater?**

66 Sprachspiele für die Schule
ISBN 978-3-12-674156-9
Alles Digitale auf **allango.net**

Was bedeuten diese Abkürzungen?

1. Internationale Kfz-Kennzeichen

A	–	
CH	–	Schweiz
E	–	Spanien
H	–	
P	–	
SF	–	Finnland
TR	–	
BY	–	Weißrussland
IRQ	–	Irak
GB	–	
MEX	–	Mexiko
N	–	
J	–	
B	–	Belgien

3. Andere Abkürzungen

dpa	–	
BRD	–	Bundesrepublik Deutschland
Hbf	–	Hauptbahnhof
Kfz	–	Kraftfahrzeug
Pkw	–	
SPD	–	
CDU	–	Christlich-Demokratische Union
SSV	–	Sommerschlussverkauf
ZDF	–	
DB	–	
AG	–	Aktiengesellschaft
EU	–	Europäische Union
ADAC	–	

2. Kfz-Kennzeichen der
   Bundesrepublik Deutschland

M	–	
LÖ	–	
N	–	Nürnberg
WE	–	
GÖ	–	Göttingen
TÜ	–	Tübingen
JEV	–	
DD	–	
SÄK	–	Säckingen
CUX	–	Cuxhaven
B	–	Berlin
HAL	–	
E	–	
K	–	Köln

usw.	–	und so weiter
z. B.	–	
d. h.	–	das heißt
u. a.	–	
ca.	–	
bzw.	–	beziehungsweise

Redemittel
B: Was bedeutet CH? / Was heißt CH?
A: Das bedeutet Schweiz. / Das heißt Schweiz.

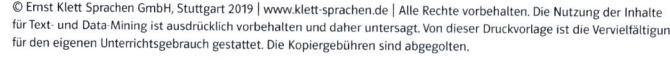
66 Sprachspiele für die Schule
ISBN 978-3-12-674156-9
Alles Digitale auf allango.net

Was bedeuten diese Abkürzungen?

1. Internationale Kfz-Kennzeichen

A	–	Österreich
CH	–	
E	–	
H	–	Ungarn
P	–	Portugal
SF	–	
TR	–	Türkei
BY	–	
IRQ	–	
GB	–	Großbritannien
MEX	–	
N	–	Norwegen
J	–	Japan
B	–	

3. Andere Abkürzungen

dpa	–	Deutsche Presseagentur
BRD	–	
Hbf	–	
Kfz	–	
Pkw	–	Personenkraftwagen
SPD	–	Sozialdemokratische Partei Deutschlands
CDU	–	
SSV	–	
ZDF	–	Zweites Deutsches Fernsehen
DB	–	Deutsche Bahn
AG	–	
EU	–	
ADAC	–	Allgemeiner Deutscher Automobilclub

2. Kfz-Kennzeichen der
Bundesrepublik Deutschland

M	–	München
LÖ	–	Lörrach
N	–	
WE	–	Weimar
GÖ	–	
TÜ	–	
JEV	–	Jever
DD	–	Dresden
SÄK	–	
CUX	–	
B	–	
HAL	–	Halle
E	–	Essen
K	–	

usw.	–	
z. B.	–	zum Beispiel
d. h.	–	
u. a.	–	unter anderem
ca.	–	circa
bzw.	–	

Redemittel
A: Was bedeutet LÖ? / Was heißt LÖ?
B: Das bedeutet Lörrach. / Das heißt Lörrach.

66 Sprachspiele für die Schule
ISBN 978-3-12-674156-9
Alles Digitale auf allango.net

1 Frage deine Partnerin / deinen Partner
nach den fehlenden Informationen.

Redemittel
B: Wie heißt der Vater von Susanna?
A: Ihr Vater heißt Ramon Sanchez.
B: Was macht Alexanders Vater beruflich?
A: Sein Vater / Er ist Grafiker.

		Susanna	Alexander	Emma und Paul
Vater:	Name	Ramon Sanchez	Sergej Krilenko	
	Alter	65		47
	Beruf		Grafiker	Bankkaufmann
Mutter:	Name	Anita Sanchez		
	Alter		53	
	Beruf		Erzieherin	Ärztin
Onkel:	Name		Heinz Kleist	
	Alter	58		
	Beruf			Optiker
	Wohnort	Bremen		Berlin

2 Erkläre jetzt der Klasse die Familienverhältnisse
von Susanna, Alexander, Emma und Paul.

Redemittel
Das sind Emma und Paul. Ihr Vater heißt ...

3 Frage deine Partnerin / deinen Partner und notiere die Antworten.

Wie heißt dein Vater?   _____

Wie heißt deine Mutter?   _____

Wie alt ist dein Vater?   _____

Wie alt ist deine Mutter?   _____

Was macht dein Vater beruflich?   _____

Was macht deine Mutter beruflich?   _____

Wo wohnen deine Eltern?   _____

_____   _____

_____   _____

4 Frage weiter mit Bruder, Schwester, Cousin,
Cousine, Freundin, Freund, Tante, Onkel usw.
Notiere die Fragen und Antworten.

Redemittel
Hast du einen Bruder?
Wie heißt dein Bruder?

5 Dann erzähle der Klasse von deiner Partnerin / deinem Partner.

   **66 Sprachspiele für die Schule**
ISBN 978-3-12-674156-9
Alles Digitale auf **allango.net**

1 Frage deine Partnerin / deinen Partner
nach den fehlenden Informationen.

Redemittel
A: Wie alt ist der Vater von Alexander?
B: Sein Vater ist 55 Jahre alt.
A: Was macht Susannas Mutter beruflich?
B: Ihre Mutter / Sie ist Hausfrau.

		Susanna	Alexander	Emma und Paul
Vater:	Name			Rüdiger Lang
	Alter		55	
	Beruf	Pilot		
Mutter:	Name		Sonja Krilenko	Veronika Lang
	Alter	60		47
	Beruf	Hausfrau		
Onkel:	Name	Oliver Becker		Niko Renner
	Alter		67	28
	Beruf	Lehrer	Fernfahrer	
	Wohnort		Hamburg	

2 Erkläre jetzt der Klasse die Familienverhältnisse
von Susanna, Alexander, Emma und Paul.

Redemittel
Das ist Susanna. Ihr Vater heißt …

3 Frage deine Partnerin / deinen Partner und notiere die Antworten.

Wie heißt dein Vater? _____

Wie heißt deine Mutter? _____

Wie alt ist dein Vater? _____

Wie alt ist deine Mutter? _____

Was macht dein Vater beruflich? _____

Was macht deine Mutter beruflich? _____

Wo wohnen deine Eltern? _____

_____ _____

_____ _____

4 Frage weiter mit Bruder, Schwester, Cousin,
Cousine, Freundin, Freund, Tante, Onkel usw.
Notiere die Fragen und Antworten.

Redemittel
Hast du einen Bruder?
Wie heißt dein Bruder?

5 Dann erzähle der Klasse von deiner Partnerin / deinem Partner.

66 Sprachspiele für die Schule
ISBN 978-3-12-674156-9
Alles Digitale auf **allango.net**

28 | Ang-Memory®

Sprachniveau
A1

Lerninhalt / Themenfeld
Nomen-Adjektiv-Paare, Ang-Laut

Anzahl der Spielerinnen / Spieler
3 bis 5; es kann in mehreren Gruppen parallel gespielt werden

Spieldauer
ca. 20 Minuten

Vorbereitung
- Memory®-Karten kopieren und auseinanderschneiden

Spielverlauf
Die 60 Memory®-Karten werden gut gemischt und verdeckt ausgelegt (sechs Reihen waagerecht, zehn Reihen senkrecht). Eine Spielerin / Ein Spieler beginnt, dreht zwei Memory®-Karten um und liest die Wörter auf den Karten vor. Passen die Wörter zusammen (z.B. *Ring – Ringe* = gleiche Wortfamilie), darf sie / er das Paar behalten und ein weiteres Kartenpaar aufdecken. Wenn nicht, ist die / der nächste Mitspielerin / Mitspieler dran.

Das Spiel endet, wenn keine Karten mehr auf dem Tisch liegen. Gewinnerin / Gewinner ist, wer am Schluss die meisten Paare gesammelt hat.

Varianten

- Die Lernenden nennen beim Aufdecken der Memory®-Karten noch die grammatischen Formen auf den beiden Kärtchen (z.B. *Ring – Ringe* = Singular und Plural).
- Jeder / Jede Lernende muss zusätzlich noch einen Satz mit jedem Wort des aufgedeckten Memory®-Paares bilden, z.B. „Ich habe zwei Ringe. Ich schenke dir einen Ring."
- Für jedes Wort kann die Länge des Akzentvokals (lang oder kurz) bestimmt und genannt werden.

Anmerkungen
- Die Lernenden können einige Wortpaare (Hörbeispiel 4) vor dem Spiel hören und nachsprechen.
- Üben Sie vor dem Spiel die Aussprache des Ang-Lautes – die Zunge muss dabei ganz entspannt im Mund liegen und der Verschluss darf nicht als Plosiv ([g] oder [k]) gelöst werden.

Hörbeispiel 4 für Hör-, Nachsprech- und Diktatübungen

Ring – Ringe; Ding – Dinge; Zeitung – Zeitungen; Prüfung – Prüfungen; Eingang – Eingänge

Richtung – Richtungen; Kreuzung – Kreuzungen; Verabredung – Verabredungen; Wohnung – Wohnungen; Zeichnung – Zeichnungen

springen – Sprung; singen – Gesang; anfangen – Anfang; empfangen – Empfang; klingeln – Klingel; klingen – Klang

hängen – Vorhang; vergangen – Vergangenheit; beziehungsweise – Beziehung; langweilig – Langeweile; ahnungslos – Ahnung

bringen – verbringen; jung – jünger; gering – geringer; hungrig – Hunger; ängstlich – Angst; eng – Enge; streng – Strenge

eng	Ring	Zeitung	Ding	Prüfung
Enge	Ringe	Zeitungen	Dinge	Prüfungen
Eingang	Richtung	Kreuzung	Verabredung	Wohnung
Eingänge	Richtungen	Kreuzungen	Verabredungen	Wohnungen
Zeichnung	Einladung	springen	singen	anfangen
Zeichnungen	Einladungen	Sprung	Gesang	Anfang

empfangen	klingen	klingeln	hängen	beziehungs-weise
Empfang	Klang	Klingel	Vorhang	Beziehung
bringen	ahnungslos	jung	hungrig	langweilig
verbringen	Ahnung	jünger	Hunger	Langeweile
ängstlich	Öffnung	gering	vergangen	streng
Angst	Öffnungen	geringer	Vergangenheit	Strenge

66 Sprachspiele für die Schule
ISBN 978-3-12-674156-9
Alles Digitale auf **allango.net**

Klett

29 | Rhythmusmuster

Sprachniveau
A1

Lerninhalt / Themenfeld
Satzakzent, Rhythmus

Anzahl der Spielerinnen / Spieler
3 bis 6; es kann in mehreren Gruppen parallel gespielt werden

Spieldauer
ca. 5–10 Minuten

Vorbereitung
- pro Gruppe einmal Rhythmusmuster- und Redemittelkärtchen kopieren und auseinanderschneiden, getrennt mischen
- alternativ: Rhythmusmuster- und Redemittelkärtchen selbst basteln

Spielverlauf
Die Kärtchen mit den Rhythmusmustern liegen verdeckt auf einem Stapel. Die Redemittelkärtchen werden unter den Lernenden aufgeteilt. Eine Mitspielerin / Ein Mitspieler deckt ein Rhythmusmuster auf und prüft, ob eins ihrer / seiner Redemittel dazu passt. Wenn sie / er eins oder mehrere findet, spricht sie / er es aus. Stimmt der Rhythmus, darf sie / er die Redemittelkarten zur Seite legen. Wenn der Rhythmus nicht passt, ist die / der nächste Mitspielerin / Mitspieler an der Reihe und deckt ein neues Rhythmusmuster auf.

Möglichkeit 1: Wer die meisten Kärtchen hat, hat gewonnen.
Möglichkeit 2: Spaß am Spielen ohne Gewinnerin / Gewinner!

Varianten
- Es werden alle Rhythmusmuster (als Tafel oder einzeln) an alle Lernenden verteilt. Die Redemittel liegen auf dem Stapel. Wer zuerst das richtige Rhythmusmuster zeigt, darf die Redemittelkarte nehmen.
- Es werden nacheinander die Redemittel (Hörbeispiel 5) abgespielt, die Lernenden zeigen das richtige Rhythmusmuster dazu.
- Zu einem Rhythmusmuster müssen (von jeder / jedem Lernenden oder von Kleingruppen) ein oder mehrere Beispiele (thematisch festgelegt: Lebensmittel, Hobbys, Ortsnamen, Ländernamen etc.) gefunden werden.

Anmerkungen
- Die Lernenden können einige Redemittel mit Rhythmusmuster (Hörbeispiel 6) *nach* dem Spiel hören und nachsprechen.
- Unbekannte Redemittel vor dem Spiel einführen.
- Achten Sie auf die Länge bzw. Kürze der Akzentvokale.

Hörbeispiele 5 und 6 für Hör-, Nachsprech- und Diktatübungen

Hallo; Grüß dich; Grüß euch; Servus; Grüß Gott; Wie geht's; Willkommen; Guten Morgen; Guten Tag; Guten Abend; Gute Nacht; Alles Gute; Frohes Fest; Gute Reise; Tschüss; Viel Glück; Mach's gut; Bis bald; Bis gleich; Viel Spaß; Bis morgen; Bis später; Viel Erfolg

Wiedersehen; Auf Wiedersehen; Machen Sie's gut; Prost; Zum Wohl; Moment; Danke; Danke sehr; Danke schön; Vielen Dank; Danke gleichfalls; Bitte; Bitte sehr; Bitte schön; Einverstanden; Freut mich; Sehr erfreut; Macht nichts; Was ist los; Geht's dir gut; Hast du Zeit; Ebenso; Hoffentlich; Verzeihung; Entschuldigung; Entschuldigen Sie; Keine Ahnung

●   Tschüss; Prost

●•   Hallo; Grüß dich; Grüß euch; Servus; Danke; Bitte; Freut mich; Macht nichts

●••   Danke sehr; Danke schön; Bitte sehr; Bitte schön; Ebenso; Hoffentlich

•●   Viel Glück; Wie geht's; Mach's gut; Grüß Gott; Bis bald; Bis gleich; Viel Spaß; Zum Wohl; Moment

•●•   Bis morgen; Bis später; Willkommen; Verzeihung

••●   Guten Tag; Gute Nacht; Was ist los; Geht's dir gut; Hast du Zeit; Viel Erfolg; Frohes Fest; Vielen Dank; Sehr erfreut

●•••   Einverstanden; Wiedersehen

•••●   Machen Sie's gut

••●•   Alles Gute; Guten Morgen; Guten Abend; Gute Reise; Danke gleichfalls; Keine Ahnung

•●••   Entschuldigung

•●•••   Auf Wiedersehen; Entschuldigen Sie

66 Sprachspiele für die Schule
ISBN 978-3-12-674156-9
Alles Digitale auf **allango.net**

Tschüss	Prost	Hallo	Grüß dich	Grüß euch
Servus	Danke	Bitte	Freut mich	Macht nichts
Danke sehr	Danke schön	Bitte sehr	Bitte schön	Ebenso
Hoffentlich	Viel Glück	Wie geht's	Mach's gut	Grüß Gott
Bis bald	Bis gleich	Viel Spaß	Zum Wohl	Moment
Bis morgen	Bis später	Willkommen	Verzeihung	Guten Tag
Gute Nacht	Was ist los	Geht's dir gut	Hast du Zeit	Viel Erfolg
Frohes Fest	Vielen Dank	Sehr erfreut	Einverstanden	Wiedersehen
Machen Sie's gut	Alles Gute	Guten Morgen	Guten Abend	Gute Reise
Danke gleichfalls	Keine Ahnung	Entschuldigung	Auf Wiedersehen	Entschuldigen Sie

66 Sprachspiele für die Schule
ISBN 978-3-12-674156-9
Alles Digitale auf allango.net

30 | Schnelle Ergänzung

Sprachniveau
Ende A1

Lerninhalt / Themenfeld
Wortschatz wiederholen und testen: Chunks, Kollokationen; Alltag und Beruf

Anzahl der Spielerinnen / Spieler
alle / Großgruppe

Spieldauer
ca. 5 Minuten (ohne Anschlussaktivität)

Vorbereitung
- Kopiervorlagen einmal kopieren, zerschneiden und die Kärtchen in die richtige Reihenfolge bringen
- alternativ: eigene Karten schreiben (s. Variante)

Spielverlauf
Die Lernenden stehen in zwei gleich langen Reihen hintereinander, mit dem Gesicht zu Ihnen. Merken Sie sich die beiden Lernenden, die vorn stehen. Lesen Sie den Einleitungssatz der ersten Karte vor. Drehen Sie die Karte dann um, sodass die beiden vorderen Lernenden die Ergänzungen sehen können.
Wer zuerst – schön laut! – die korrekte Ergänzung sagt, darf ans Ende der eigenen Reihe gehen (wenn beide Lernenden gleich schnell sind, gehen beide nach hinten). Dann geht es mit der nächsten Karte weiter. Wer schon dreimal stehen bleiben musste, darf ebenfalls nach hinten gehen. Wenn eine / einer der beiden Lernenden, die / der den Anfang gemacht hatten, wieder vorn angekommen ist, gewinnt das entsprechende Team.

Variante
Auch für Korrekturen ist das Spiel gut geeignet: Schreiben Sie dafür jeweils einen Satz mit einem häufig wiederkehrenden Fehler und eine korrekte Version auf die Karten.

Anmerkung
Falls die Gruppe eine ungerade Zahl hat, gibt es zwei Möglichkeiten: Im kleineren Team kommt eine Person zweimal dran oder eine Lernerin / ein Lerner übernimmt das Vorlesen und Zeigen der Karten.

Anschlussaktivität
Nach dem Spiel werden die Karten ausgebreitet und die korrekten Ergänzungen angekreuzt oder mit einem bunten Klebepunkt versehen; die Lernenden können sich dann alles noch einmal in Ruhe ansehen und sich notieren, was sie besonders wichtig finden.

Mirjam ist Informatikerin

als Beruf.
von Beruf.

Sie arbeitet

in der Polizei.
bei der Polizei.

Um sieben Uhr muss sie

aufstehen.
stehen.

Sie

trinkt Kaffee
hat Kaffee

und isst Müsli

zum Frühstück.
als Frühstück.

Jetzt ist es

sieben und halb.
halb acht.

Mirjams Auto ist kaputt. Sie muss heute

die S-Bahn
nehmen.
die S-Bahn
fahren.

Oh nein! Der Bus ist schon

weg.
raus.

Also geht Mirjam

auf Füßen.
zu Fuß.

Sie kommt zu spät ins Büro, aber

das ist nichts,
das macht nichts,

denn die Chefin

gibt auch noch
nicht.
ist auch noch
nicht da.

Um eins

geht Mirjam
Mittagspause.
macht Mirjam
Mittagspause.

Sie hat

großen Hunger.
schweren
Hunger.

Also geht sie

eine Pizza essen.
eine Pizza
nehmen.

Die Pizza

ist sehr
schmeckt.
schmeckt sehr
gut.

66 Sprachspiele für die Schule
ISBN 978-3-12-674156-9
Alles Digitale auf **allango.net**

Dann geht sie in einen Buchladen und kauft ein Buch
bei Sebastian Fitzek.
von Sebastian Fitzek,

denn sie
mag Thriller lesen.
liest gern Thriller.

Es ist ein Taschenbuch, das
kostet nicht viel.
ist nicht viel.

Mirjam möchte gern
zu Hause gehen
nach Hause gehen

und das Buch lesen, aber
das geht nicht.
das kann nicht.

Sie muss zurück
zu arbeiten.
zur Arbeit.

Im Büro installiert sie ein neues Programm, telefoniert und
stellt Termine.
macht Termine.

Nach der Arbeit
macht Mirjam immer Sport.
spielt Mirjam immer Sport.

Aber heute nicht, sie möchte
lieber lesen.
besser lesen.

Um halb sechs ist sie
nach Hause.
zu Hause.

Das Telefon klingelt. Mirjams Freundin
ruft an.
ist auch noch ruft.

Sie möchte ins Kino. Aber Mirjam möchte mit ihrem Buch
zum Bett.
ins Bett.

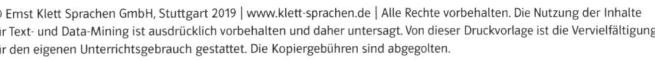

31 | Klatsch und duck

Sprachniveau
alle

Lerninhalt / Themenfeld
Wortschatz üben und verankern: beliebiger Wortschatz („schwierige" Wörter)

Anzahl der Spielerinnen / Spieler
alle / Großgruppe

Spieldauer
ca. 5 Minuten

Spielverlauf
Fragen Sie die Lernenden nach 5–7 Wörtern aus dem Stoff der letzten Zeit, mit denen sie Schwierigkeiten haben, etwa weil sie die Aussprache kompliziert finden oder weil sie sich die Wörter schlecht merken können. Schreiben Sie diese Wörter an die Tafel, üben Sie die richtige Aussprache und klären Sie ihre Bedeutung.

Stellen Sie sich anschließend mit der Gruppe im Kreis auf. Zeigen Sie durch Blickkontakt und erhobene Hände, dass Sie mit der übernächsten Person rechts von Ihnen (LN* 2) die Hände gegeneinander klatschen wollen. Damit das geht, muss sich die Person dazwischen ducken. Beim Klatschen sagen Sie laut und deutlich eins der gesammelten Wörter. Zeigen Sie dann auf die Personen direkt rechts von Ihnen und drei Plätze weiter (LN 1 und LN 3) und sagen Sie: „Jetzt du" LN 2 duckt sich, LN 1 und LN 3 klatschen, während LN 1 das Wort wiederholt. Dann klatscht LN 2 mit LN 4 (LN 3 duckt sich), LN 3 mit LN 5 (LN 4 duckt sich) usw. Lassen Sie das Wort, je nach Gruppengröße, zwei- bis dreimal durch den Kreis wandern, während das Tempo gesteigert wird. Wenn es gut läuft, geben Sie weitere Wörter in den Kreis. Immer, wenn ein Wort wieder bei Ihnen angekommen ist, können Sie es bei Bedarf gegen ein neues austauschen.

Variante
Man kann auf diese Weise auch Wortschatz aus bestimmten Wortfeldern / Themenbereichen wiederholen; dann wird beim Klatschen jeweils ein neues Wort gesagt.

Redemittel
- Huhu!
- Achtung!
- Duck dich!
- Runter!

*LN = Lernende / Lernender

32 | Wortschatzwiederholung aus dem Hut

Sprachniveau
alle

Lerninhalt / Themenfeld
Wortschatz verankern und wiederholen: beliebiger Wortschatz

Anzahl der Spielerinnen / Spieler
alle / Großgruppe

Spieldauer
ca. 10–15 Minuten, abhängig von der Größe der Gruppe

Benötigtes Material
- Behälter: Hut, Tasche, Kästchen o.Ä.
- kleine Zettel

Spielverlauf
Jede / Jeder Lernende überlegt sich eine Vokabel oder eine Redewendung aus dem Lernstoff der letzten Zeit, die sie / er besonders wichtig, nützlich oder schön findet, und schreibt diese auf einen Zettel. Alle Zettel werden im Hut gesammelt. Dabei können Doppler vorkommen, was aber nicht schlimm ist. Die / Der erste Lernende bekommt den Hut, zieht ein Wort und spricht kurz über das, was ihr / ihm dazu einfällt (nicht länger als eine halbe Minute). Dies können persönliche Assoziationen sein oder die Äußerung kann zu einem Thema aus dem Lehrbuch passen. Dann wird der Hut an die nächste Person weitergegeben.

Varianten
- Auch im Anfängerbereich ist das Spiel möglich. Ein ausreichender Kommentar wäre hier beispielsweise ein einzelner Satz, ein Ein-Wort-Kommentar („Lecker!") oder eine Geste bzw. Pantomime.
- Welcher Wortschatz wiederholt werden soll, kann auch die Lehrkraft bestimmen. In diesem Fall kommen vorbereitete Zettel in den Hut.

Redemittel
- Dazu fällt mir ein ...
- Dabei denke ich an ...
- Das finde ich ..., weil ...

Anschlussaktivitäten
- Man kann die Zettel aufbewahren und nach ein paar Wochen mit den Lernenden überprüfen, was sie behalten haben. Anschließend können die Zettel einer Wörterkiste (ungeordnet) oder einer Lernbox hinzugefügt werden. Die Wörter aus der Wörterbox können verteilt werden, z. B. für Wimmelspiele (Spiele mit ständig wechselnden Partnerinnen und Partnern). Die Zettel können sortiert, gruppiert, in Rangordnungen gebracht werden usw. Lernende, die früher zum Unterricht kommen, können in der Kiste stöbern und sich gegenseitig Quizfragen stellen.
- Alternativ werden Kärtchen mit Wörtern in die Lernbox sortiert. Es gibt mehrere Abteilungen für unterschiedlich lange Wiederholungsabstände, z.B. neu: jede Stunde wiederholen – ziemlich neu: einmal pro Woche wiederholen – noch nicht sicher: einmal pro Monat wiederholen usw.

33 | Wortschatzwiederholung über Kreuz

Sprachniveau
alle

Lerninhalt / Themenfeld
Wortschatz wiederholen: beliebiger Wortschatz (nach Oberbegriffen / Themen)

Anzahl der Spielerinnen / Spieler
alle / Großgruppe

Spieldauer
5–10 Minuten

Benötigtes Material
- mindestens 20 Steinchen, Knöpfe oder Streichhölzer

Vorbereitung
- 5–7 Oberbegriffe / Themen aus der Liste auf S. 83 auswählen oder eigene Ideen notieren

Spielverlauf
Alle sitzen in einem möglichst engen Stuhlkreis. In der Mitte liegen die Steinchen, Knöpfe oder Streichhölzer. Alle Lernenden kreuzen mit den Sitznachbarinnen / Sitznachbarn die Unterschenkel; dabei werden die Füße flach nebeneinander auf den Boden gesetzt. Bevor Sie mit der Wortschatzwiederholung beginnen, üben Sie mit den Lernenden das korrekte „Füßeklopfen": Gegen den Uhrzeigersinn klopfen die Füße nacheinander in der Reihenfolge, wie sie stehen. Beispielsweise beginnt Person 1 und klopft mit dem rechten Fuß auf den Boden. Sofort danach klopft der nächste rechts stehende Fuß, also der linke Fuß von Person 3, dann der rechte Fuß von Person 2 usw. Jeder Fuß darf auch doppelt klopfen – das bedeutet, dass die Richtung sich ändert. Wenn das Spiel verstanden ist, beginnt die Wortschatzwiederholung. (Falls Sie mitspielen, können Sie Ihre Liste umgedreht auf den Schoß legen oder Sie lernen sie vorher auswendig). Nennen Sie das erste Oberthema. Bei jedem Klopfen muss ein passendes Wort gesagt werden. Die Wörter dürfen sich nicht wiederholen! Nach einer Weile rufen Sie „Stopp" und nennen das nächste Oberthema. Wer einen Fehler macht, also falsch klopft, ein Klopfen verschläft, ein Wort wiederholt oder kein Wort weiß, muss ein Steinchen o.Ä. vor seinen Stuhl legen. Gewonnen hat, wer am Ende die wenigsten Steinchen hat.

Variante
Wenn Sie meinen, dass das Spiel für Ihre Lernenden zu viel Körperkontakt bedeutet, kann mit überkreuzten Händen statt Füßen gespielt werden. Dafür braucht man dann eine Fläche, um die alle Platz finden, also z.B. mehrere zusammengestellte Tische.

Anmerkungen
- Spielen Sie nicht zu lange, sondern lieber öfter, falls das Spiel den Lernenden Spaß macht.
- Dieses Spiel ist ohne Sprechen ein bekanntes Partyspiel.

Redemittel
- Das hatten wir schon!
- Du musst einen Stein nehmen!

Vorschläge für Oberbegriffe / Themen

Nomen

- Speisen
- Getränke
- Lebensmittel
- Länder
- Sprachen
- Hobbys
- Kleidungsstücke
- Möbel
- Berufe
- Tiere
- Natur und Landschaft
- Bauwerke, Geschäfte, Orte in der Stadt
- Urlaub
- Wetter
- Körperteile
- Verkehrsmittel
- Materialien
- Unterhaltung, Kultur, Sehenswürdigkeiten
- Sportarten
- Schul- und Studienfächer
- Personen und Institutionen in der Politik
- Autoteile
- Werkzeuge
- Büroinventar
- Krankheiten
- Abteilungen und Positionen in Firmen
- …
- …
- …
- …

Verben (Infinitive)

Was macht man …

- jeden Tag?
- auf der Arbeit?
- in der Freizeit?
- in der Schule / Uni?
- zu Hause?
- mit Freunden?
- …

Verben (Partizipien)

Was wird hier gemacht?

- in einer Fabrik
- in der Schule / Uni
- in einem Geschäft
- auf der Straße
- auf einem Bauernhof
- in einem Büro
- …

Adjektive

- Farben
- Wie können Menschen sein?
- Wie können Dinge sein?
- Wie können Situationen sein?
- …

Sonstiges

- Zeitangaben (Antworten auf *Wann?*)
- Ortsangaben (Antworten auf *Wo?*)
- …
- …
- …

34 | Küchen-Mix

Sprachniveau
A2

Lerninhalt / Themenfeld
Wortakzentuierung in Komposita

Anzahl der Spielerinnen / Spieler
2 bis 7; es kann in mehreren Gruppen parallel gespielt werden

Spieldauer
ca. 5–10 Minuten

Vorbereitung
- pro Gruppe einmal Karten kopieren und auseinanderschneiden
- alternativ: Karten selbst basteln, auch zu einem anderen Thema

Spielverlauf
Jedes Teammitglied bekommt ein bis zwei Grundwort-Karten. Die Bestimmungswort-Karten liegen verdeckt auf einem Stapel. Ein Teammitglied zieht ein Bestimmungswort-Kärtchen und legt es für alle sichtbar auf den Tisch. Sie / Er versucht, mit dem Grundwort ein sinnvolles Wort zu bilden, indem sie / er es mit dem Bestimmungswort verbindet. Wenn sie / er ein sinnvolles Wort findet, spricht sie / er es allein (Akzent auf dem Grundwort) und dann als Kompositum (Akzent auf dem Bestimmungswort), immer mit dem Artikel. Sie / Er darf die Bestimmungswort-Karte behalten, das nächste Teammitglied ist an der Reihe. Nicht passende Kärtchen kommen unter den Stapel. Wer die meisten Kärtchen hat, gewinnt.

Variante

Alle Lernenden bekommen alle Grundwort-Kärtchen. Die Bestimmungswort-Kärtchen liegen aufgedeckt nebeneinander auf dem Tisch oder werden in gleicher Zahl an die Lernenden verteilt. Dann werden nacheinander die Komposita (Hörbeispiel 7) abgespielt. Wer die passenden Kärtchen zuerst zusammensetzt, darf das gefundene Wort vor sich auf den Tisch legen.

Anmerkungen
- Die Lernenden können die Komposita (Hörbeispiel 7) vor und nach dem Spiel hören und nachsprechen.
- Unbekannte Wörter vor dem Spiel einführen (und erklären, dass Hustensaft und Extrawurst keine Lebensmittel sind).

Hörbeispiel 7 für Hör-, Nachsprech- und Diktatübungen

Suppe, Salat, Brötchen, Wurst, Kuchen, Eis, Saft
Nudelsuppe, Kartoffelsuppe, Gemüsesuppe, Käsesuppe, Reissuppe, Tomatensuppe, Krautsuppe, Bohnensuppe
Nudelsalat, Kartoffelsalat, Eiersalat, Geflügelsalat, Fleischsalat, Tomatensalat, Krautsalat, Obstsalat
Butterbrötchen, Käsebrötchen, Wurstbrötchen, Schinkenbrötchen, Roggenbrötchen, Honigbrötchen, Milchbrötchen, Marmeladenbrötchen

Bratwurst, Bockwurst, Weißwurst, Leberwurst, Teewurst, Knackwurst, Schinkenwurst, Extrawurst
Apfelkuchen, Pfefferkuchen, Honigkuchen, Baumkuchen, Pfannkuchen, Zuckerkuchen, Eierkuchen, Quarkkuchen
Schokoladeneis, Vanilleeis, Nusseis, Joghurteis, Erdbeereis, Ananaseis, Bananeneis, Sahneeis
Orangensaft, Apfelsaft, Traubensaft, Zitronensaft, Tomatensaft, Fruchtsaft, Multivitaminsaft, Hustensaft

Grundwort-Karten

Suppe	Salat	Brötchen	Wurst	Kuchen	Eis	Saft

Bestimmungswort-Karten

Nudel	Kartoffel	Gemüse	Käse
Reis	Tomaten	Kraut	Bohnen
Nudel	Kartoffel	Eier	Geflügel
Fleisch	Tomaten	Kraut	Obst
Butter	Käse	Wurst	Schinken
Roggen	Honig	Milch	Marmeladen

66 Sprachspiele für die Schule
ISBN 978-3-12-674156-9
Alles Digitale auf allango.net

Leber			
Extra			
Baum			
Quark			
Joghurt			
Sahne			
Zitronen			
Husten			

Weiß			
Schinken			
Honig			
Eier			
Nuss			
Bananen			
Trauben			
Multivitamin			

Bock	Brat
Knack	Tee
Pfeffer	Apfel
Zucker	Pfann
Vanille	Schokoladen
Ananas	Erdbeer
Apfel	Orangen
Frucht	Tomaten

66 Sprachspiele für die Schule
ISBN 978-3-12-674156-9
Alles Digitale auf **allango.net**

Klett

35 | Ratespiel: Wer bin ich?

Sprachniveau
A2

Lerninhalt / Themenfeld
Ja- / Nein-Fragen

Anzahl der Spielerinnen / Spieler
beliebig

Spieldauer
10–15 Minuten

Benötigtes Material
- Klebestreifen

Vorbereitung
- eine Tabelle der Kopiervorlage auswählen, kopieren und zerschneiden

Spielverlauf
Es werden zunächst Kleingruppen gebildet. Alle bekommen ein Kärtchen der Kopiervorlage, das sie den anderen Lernenden nicht zeigen dürfen. Sie kleben der Person, die rechts neben ihnen sitzt, das Kärtchen mit einem Klebestreifen auf die Stirn. Nun beginnt das Spiel in der Gruppe. Durch Ja- / Nein-Fragen müssen die Lernenden herausfinden, wer sie sind. Wer zuerst erraten hat, welcher Name / welches Wort auf dem Kärtchen steht, hat gewonnen.

Mögliche Redemittel (zum Thema *Bekannte Personen*)
- Bin ich eine Frau / ein Mann / ein Kind?
- Lebe ich noch?
- Bin ich jung / alt?
- Bin ich berühmt?
- Kann ich gut singen / tanzen / Tennis spielen / zaubern …?
- Bin ich eine Politikerin / ein Politiker?
- Bin ich eine Schauspielerin / ein Schauspieler?
- Habe ich schon einen Preis gewonnen?
- Heiße ich …?

Anmerkungen
- Wenn dieses Spiel mit Tieren oder Berufen gespielt wird, müssen die Redemittel angepasst bzw. vorher erarbeitet werden.
- In die leeren Kästchen können weitere Namen / Tiere / Berufe eingetragen werden.

Pablo Picasso	Angela Merkel	Pinocchio
Mutter Teresa	Harry Potter	Nelson Mandela
Michael Jackson	Marilyn Monroe	Steve Jobs
Madonna	Barack Obama	Johann Wolfgang von Goethe
Wolfgang Amadeus Mozart	Anne Frank	Steffi Graf
meine Lehrerin / mein Lehrer		

✂

Löwe	Elefant	Hund
Katze	Maus	Pferd
Esel	Vogel	Fisch
Wal	Delfin	Biene
Fliege	Mücke	Flamingo
Nilpferd		

✂

Lehrerin / Lehrer	Architektin / Architekt	Ärztin / Arzt
Krankenschwester / Krankenpfleger	Automechanikerin / Automechaniker	Busfahrerin / Busfahrer
Ingenieurin / Ingenieur	Altenpflegerin / Altenpfleger	Elektrikerin / Elektriker
Taxifahrerin / Taxifahrer	Richterin / Richter	Gärtnerin / Gärtner
Schneiderin / Schneider	Malerin / Maler	Installateurin / Installateur
Maurerin / Maurer		

✂

66 Sprachspiele für die Schule
ISBN 978-3-12-674156-9
Alles Digitale auf **allango.net**

36 | Rätselspiel: Lieblingsmensch

Sprachniveau
A2

Lerninhalt / Themenfeld
W-Fragen, Ja- / Nein-Fragen

Anzahl der Spielerinnen / Spieler
beliebig

Spieldauer
10–15 Minuten

Vorbereitung
- für jede Lernerin / jeden Lerner eine leere Karte kopieren und ausschneiden
  (s. Kopiervorlage S. 91)

Spielverlauf
Die Lernenden erhalten je eine leere Karte mit sechs Feldern. In die Felder
zeichnen sie anhand von sechs Stichworten (z.B. Name, Lieblingsfach in der Schule,
Geburtsort, Lieblingskleidungsstück, Hobby, Lieblingsmensch, Lieblingstier,
Lieblingsessen, Lieblingsgetränk, Lieblingsort, …), die an der Tafel stehen, ein
Symbol zu jedem Stichwort oder schreiben den Anfangsbuchstaben in das Feld.

Beispiel für ein Tafelbild:

Name	Geburtsort	Hobby
Lieblingsmensch	Lieblingsessen	Lieblingsort

Beispiel für eine ausgefüllte Karte:

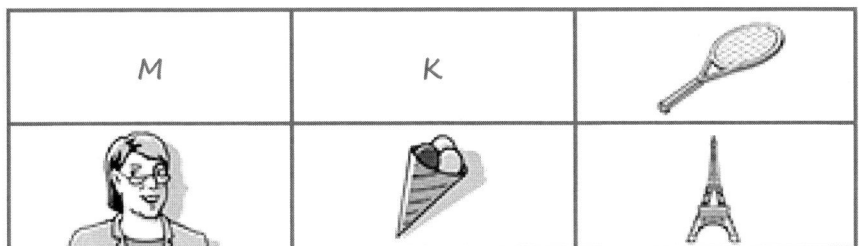

Dann werden die Karten eingesammelt, gemischt und wieder neu ausgeteilt. Niemand darf seine eigene Karte zurückbekommen. Alle Lernenden werden dann in die Raummitte gebeten. Sie suchen sich eine Partnerin / einen Partner und versuchen durch Fragen herauszufinden, ob der Partnerin / dem Partner die Karte gehört, die man selbst in der Hand hält, und umgekehrt. Ist es die Karte der Partnerin / des Partners, wird die Karte der Besitzerin / dem Besitzer zurückgegeben. Wenn nicht, muss weitergesucht werden, bis die Eigentümerin / der Eigentümer der Karte gefunden ist. Die Lernenden bleiben so lange in der Raummitte, bis sie die Besitzerin / den Besitzer der Karte gefunden und auch ihre eigene Karte zurückbekommen haben. Dann setzen sie sich wieder an ihren Platz. Wenn alle ihre eigene Karte wieder zurückhaben, ist das Spiel beendet.

Anmerkung

Evtl. sollten die Fragen vorher wiederholt und an die Tafel geschrieben werden.

Redemittel entsprechend der Beispielkarte

(Bei anderen Stichworten sind andere Fragen notwendig.)

- Wie heißt du?
- Fängt dein Name mit … an?

- Wo bist du geboren?
- Beginnt dein Geburtsort mit …?

- Welches Hobby hast du?
- Ist … dein Hobby?

- Wer ist dein Lieblingsmensch?
- Ist dein Lieblingsmensch dein / deine …?

- Was isst du gerne?
- Isst du gerne …?

- Was ist dein Lieblingsort?
- Ist dein Lieblingsort …?

66 Sprachspiele für die Schule
ISBN 978-3-12-674156-9
Alles Digitale auf **allango.net**

37 | Stimmt denn das?

Sprachniveau
A2

Lerninhalt / Themenfeld
Aussagen korrigieren, Wortgruppenakzentuierung, Rhythmus, emotionale Sprechweise

Anzahl der Spielerinnen / Spieler
2 bis 8

Spieldauer
ca. 5–10 Minuten

Vorbereitung

- falsche Aussagen einmal kopieren und auseinanderschneiden

Spielverlauf
Jede Mitspielerin / Jeder Mitspieler bekommt die gleiche Anzahl Kärtchen mit falschen Aussagen. Eine Mitspielerin / Ein Mitspieler beginnt und liest eine falsche Aussage vor. Sie / Er spricht dabei sehr nachdrücklich und betont das fett gedruckte Wort besonders, z.B.: „Wien ist die Hauptstadt von **Deutschland.**"

Dann wählt sie / er eine Mitspielerin / einen Mitspieler, die / der die Aussage berichtigen soll. Diese / Dieser muss bei der Berichtigung ebenso nachdrücklich sprechen und das wichtige Wort betonen, das den Widerspruch bezeichnet, z.B.: „Nein, Wien ist die Hauptstadt von **Österreich.**" Danach darf sie / er eine Aussage von seinen Kärtchen vorlesen usw.

Möglichkeit 1: Gewinnerin / Gewinner ist, wer nach Ende des Spiels die wenigsten Kärtchen übrig hat.
Möglichkeit 2: Es gibt keine Gewinnerin / keinen Gewinner. Ziel ist der Spaß am Spiel.

Varianten

- Die Lernenden schreiben selbst falsche Behauptungen auf Kärtchen. Diese Kärtchen werden für das Spiel verwendet.
- Das Spiel kann auch so gespielt werden, dass es Kärtchen mit wahren und falschen Behauptungen gibt, auf die die Lernenden reagieren müssen. Ist die Behauptung richtig, lautet die Antwort z.B.: „Ja, Wien ist die Hauptstadt von **Österreich.**" Ist die Behauptung falsch, lautet die Antwort: „Nein, Wien ist die Hauptstadt von **Österreich.**"
- Die Wörter aus den Sätzen werden nach Akzentvokalen geordnet, z.B. kurzer A-Laut: *kalt, kann, man, Ball, Elefant, ...*
- Es wird eine emotionale Unterhaltung geführt, z.B. A: „Eis ist heiß?" – B: „Wie bitte? Eis ist kalt!" – A: „Ich weiß. – Eis ist heiß." – B: „Nie im Leben! Du spinnst!" – A: ...

Anmerkungen

- Die Lernenden können die Lügen und Berichtigungen (Hörbeispiel 8) *nach* dem Spiel hören und nachsprechen.
- Ermuntern Sie die Lernenden dazu, besonders nachdrücklich zu sprechen und dabei die markierten Wörter zu betonen und mit Gesten zu begleiten.

Lösungen:

(1) Wien ist die Hauptstadt von *Österreich*.

(2) Eis ist *kalt*.

(3) Ein Fahrrad hat *zwei* Räder.

(4) Ananas und Bananen sind *Obst*.

(5) Im Kino kann man *Filme anschauen*.

(6) Am Nordpol ist es *kalt*.

(7) Der Himmel ist *blau*.

(8) Mit einem Bus kann man *fahren*.

(9) Unsere Lehrerin ist eine *Frau*.

(10) Zitronen sind *sauer*.

(11) Elefanten sind *groß*.

(12) In der Nacht scheint *der Mond*.

(13) Gras ist *grün*.

(14) Ein Ball ist *rund*.

(15) Ein Haifisch kann *schwimmen*.

(16) Katzen *miauen*.

(17) Flusspferde sind *schwer*.

(18) Zwei plus zwei ist *vier*.

(19) Katzen haben ein *Fell*.

(20) Ein Auto hat vier *Räder*.

(21) Fische leben *im Wasser / im Meer / im Fluss*.

(22) Beethoven war *ein Musiker / ein Komponist*.

(23) Bienen sammeln *Honig*.

(24) Tannen haben *Nadeln*.

(25) Mit einer Waschmaschine kann man *waschen*.

(26) Mit einem Besen kann man *kehren*.

Hörbeispiel 8 für Hör-, Nachsprech- und Diktatübungen

Wien ist die Hauptstadt von Deutschland. – Nein! Wien ist die Hauptstadt von Österreich.

Eis ist heiß. – Nein! Eis ist kalt.

Ein Fahrrad hat vier Räder. – Nein! Ein Fahrrad hat zwei Räder.

Ananas und Bananen sind Gemüse. – Nein! Ananas und Bananen sind Obst.

Im Kino kann man tanzen. – Nein! Im Kino kann man Filme anschauen.

Am Nordpol ist es warm. – Nein! Am Nordpol ist es kalt.

Der Himmel ist grün. – Nein! Der Himmel ist blau.

Mit einem Bus kann man fliegen. – Nein! Mit einem Bus kann man fahren.

Unsere Lehrerin ist ein Kind. – Nein! Unsere Lehrerin ist eine Frau.

Zitronen sind süß. – Nein! Zitronen sind sauer.

Elefanten sind klein. – Nein! Elefanten sind groß.

In der Nacht scheint die Sonne. – Nein! In der Nacht scheint der Mond.

Gras ist blau. – Nein! Gras ist grün.

Ein Ball ist eckig. – Nein! Ein Ball ist rund.

Ein Haifisch kann laufen. – Nein! Ein Haifisch kann schwimmen.

Katzen bellen. – Nein! Katzen miauen.

Flusspferde sind leicht. – Nein! Flusspferde sind schwer.

Zwei plus zwei ist fünf. – Nein! Zwei plus zwei ist vier.

Katzen haben Federn. – Nein! Katzen haben ein Fell.

Ein Auto hat vier Beine. – Nein! Ein Auto hat vier Räder.

Fische leben auf Bäumen. – Nein! Fische leben im Wasser.

Beethoven war ein Maler. – Nein! Beethoven war ein Musiker.

Bienen sammeln Pilze. – Nein! Bienen sammeln Honig.

Tannen haben Blätter. – Nein! Tannen haben Nadeln.

Mit einer Waschmaschine kann man fernsehen. – Nein! Mit einer Waschmaschine kann man waschen.

Mit einem Besen kann man fliegen. – Nein! Mit einem Besen kann man kehren.

1 Wien ist die Hauptstadt von **Deutschland**.

14 Ein Ball ist **eckig**.

2 Eis ist **heiß**.

15 Ein Haifisch kann **laufen**.

3 Ein Fahrrad hat **vier** Räder.

16 Katzen **bellen**.

4 Ananas und Bananen sind **Gemüse**.

17 Flusspferde sind **leicht**.

5 Im Kino kann man **tanzen**.

18 Zwei plus zwei ist **fünf**.

6 Am Nordpol ist es **warm**.

19 Katzen haben **Federn**.

7 Der Himmel ist **grün**.

20 Ein Auto hat vier **Beine**.

8 Mit einem Bus kann man **fliegen**.

21 Fische leben auf **Bäumen**.

9 Unsere Lehrerin ist ein **Kind**.

22 Beethoven war ein **Maler**.

10 Zitronen sind **süß**.

23 Bienen sammeln **Pilze**.

11 Elefanten sind **klein**.

24 Tannen haben **Blätter**.

12 In der Nacht scheint die **Sonne**.

25 Mit einer Waschmaschine kann man **fernsehen**.

13 Gras ist **blau**.

26 Mit einem Besen kann man **fliegen**.

66 Sprachspiele für die Schule
ISBN 978-3-12-674156-9
Alles Digitale auf **allango.net**

38 | Präfix-Quartett

Sprachniveau
A2

Lerninhalt / Themenfeld
Wortschatz wiederholen: trennbare und nicht trennbare Verben mit verschiedenen
Präfixen; gemischter Wortschatz (Prüfungswortschatz A2)

Anzahl der Spielerinnen / Spieler
beliebig viele Kleingruppen (4–5 Lernende)

Spieldauer
20–25 Minuten

Vorbereitung
- Quartettkarten einmal für jede Gruppe kopieren und zerschneiden

Spielverlauf
Schreiben Sie an die Tafel: „anbieten – anmelden – ansehen – ansprechen = 1 Quartett"
und unterstreichen Sie jeweils die Vorsilbe. Auch wenn die Lernenden wissen, wie man
Quartett spielt, machen Sie dann am besten das Spiel mit drei Lernenden kurz vor, denn
die hier beschriebene Variante kennen die meisten wahrscheinlich nicht.
Jede Gruppe bekommt ein Päckchen Quartettkarten, das gemischt und verteilt wird.
Ziel ist es, möglichst viele Quartette – vier Verben mit jeweils gleicher Vorsilbe –
zusammenzubekommen. Sobald man ein komplettes Quartett auf der Hand hat, darf
man es ablegen. Es wird ausgelost, wer beginnt.
Das Finden der Verben geschieht, indem man sich an eine beliebige andere Person
wendet und dieser einen Beispielsatz mit dem gesuchten Verb vorschlägt. Falls die
angesprochene Person die gesuchte Karte hat, gibt sie sie heraus und die Spielerin /
der Spieler darf noch einmal fragen; wenn nicht, kommt die / der Befragte selbst an
die Reihe.

Beispiel:	LN*1 (hat *anfangen* und *anrufen* bereits auf der Hand und hofft, dass *anmelden* sich ebenfalls im Spiel befindet): „Ich melde mich für den Deutschkurs an." LN 2: „Ah, du suchst *anmelden*? Das habe ich leider nicht. Jetzt bin ich dran."

Variante
Das Spiel ist auch geeignet für Verben mit Präpositionen (jeweils 4 mit der gleichen
Präposition) oder Wortarten / Ableitungen (z.B. *sicher, Sicherheit, versichern, sicherlich*).

Anmerkung
Achten Sie darauf, dass nicht nur die Infinitive genannt, sondern tatsächlich Sätze
gebildet werden. Falls Ihnen wichtige Fehler auffallen, notieren Sie sie für spätere
Korrekturaktivitäten.

Redemittel
- Du suchst / brauchst / möchtest …
- Das habe ich nicht.
- Das habe ich, hier bitte.
- Jetzt bin ich dran / an der Reihe.

*LN = Lernende / Lernender

abholen	abschließen	abfahren	abfliegen
anfangen	anrufen	ankommen	anmachen
ausfüllen	ausmachen	auspacken	aussteigen
aufhören	aufpassen	aufräumen	aufstehen
einkaufen	einladen	einsteigen	einpacken

66 Sprachspiele für die Schule
ISBN 978-3-12-674156-9
Alles Digitale auf **allango.net**

mitkommen	mitbringen	mitspielen	mitmachen
bezahlen	bestellen	bekommen	benutzen
erklären	erlauben	erreichen	erzählen
unter-nehmen	unter-halten	unter-schreiben	unter-suchen
verbieten	vergessen	verlieren	verkaufen

66 Sprachspiele für die Schule
ISBN 978-3-12-674156-9
Alles Digitale auf **allango.net**

39 | Gerüchteküche

Sprachniveau
A2

Lerninhalt / Themenfeld
Nebensätze mit *dass*

Anzahl der Spielerinnen / Spieler
beliebig

Spieldauer
10 Minuten

Vorbereitung
■ Kopiervorlage nach Anzahl der Paare vervielfältigen

Spielverlauf
Es werden Paare gebildet. Die erste Partnerin / der erste Partner (P1) erhält eine
Kopie von Tabelle 1, die zweite Partnerin / der zweite Partner (P2) erhält eine Kopie
von Tabelle 2 der Kopiervorlage. P1 beginnt und stellt eine Frage, indem sie / er
einen der Satzanfänge der Kopiervorlage frei ergänzt.

Beispiel: | „Hast du schon gehört, dass Anna einen neuen Freund hat?"

P2 antwortet mit einem Redemittel der Kopiervorlage.

Beispiel: | „Ja, das habe ich auch schon gehört."

Variante
Statt die Satzanfänge aus Tabelle 1 frei zu ergänzen, können die Lernenden die
Beispielsätze aus Tabelle 3 der Kopiervorlage umformen. In diesem Fall bekommt
P1 zusätzlich eine Kopie von Tabelle 3.

Tabelle 1

Hast du schon gehört, dass …

Ein Mitschüler hat mir erzählt, dass …

Eine Mitschülerin hat gesagt, dass …

Ich habe mitbekommen, dass …

Ich glaube, dass …

Ich habe bei Facebook® gelesen, dass …

Tabelle 2

zustimmen	ablehnen	zweifeln
Das stimmt wirklich.	Das glaube ich nicht.	Ist das wahr?
Ja, das habe ich auch schon gehört.	Das kann ich mir nicht vorstellen.	Glaubst du das?
Ja, das ist wahr.	Das stimmt nicht.	Da bin ich mir nicht sicher.

Tabelle 3

Lukas möchte Schlagzeug spielen.

Wir bekommen ein neues Smartboard / Whiteboard.

Lina hat einen neuen Freund.

Die Exkursion findet nicht statt.

Frau Müller bietet eine neue AG an.

Jian zieht mit ihrer Familie um.

Wir bekommen einen neuen Biologielehrer.

Unser Basketballteam nimmt am nächsten Schulturnier teil.

Die Schule bekommt einen neuen Hausmeister.

Tomasz lädt uns zu seiner Geburtstagsparty ein.

Sarah möchte ihr Praktikum im Zoo machen.

Jussuf möchte am Wochenende ins Freibad gehen.

66 Sprachspiele für die Schule
ISBN 978-3-12-674156-9
Alles Digitale auf **allango.net**

40 | Schneeballschlacht

Sprachniveau
A2

Lerninhalt / Themenfeld
Nebensätze mit *weil*

Anzahl der Spielerinnen / Spieler
beliebig

Spieldauer
15 Minuten

Benötigtes Material
■ leere DIN A4-Blätter, 2 pro Person (alternativ DIN A5)

Vorbereitung
■ evtl. Kopiervorlage zweimal kopieren und im Klassenraum aufhängen
   (s. Variante)

Spielverlauf
Die Lernenden erhalten je zwei leere Zettel. Auf den einen Zettel schreiben sie den Hauptsatz eines Kausalgefüges.

Beispiel: | Ich lerne Deutsch, ...

Auf den zweiten Zettel schreiben sie einen passenden Nebensatz mit *weil*.

Beispiel: | ..., weil ich in Deutschland leben will.

Dann zerknüllen sie den Zettel mit dem *weil*-Satz. Die Lernenden werden nun in zwei Gruppen (A und B) eingeteilt. Zuerst bewirft nur Gruppe A Gruppe B wie bei einer Schneeballschlacht mit den „Schneebällen" (den zerknüllten Zetteln). Auf ein Signal hin heben die Lernenden aus Gruppe B einen „Schneeball" auf. Sie suchen mit ihrem „Schneeball" die passende Partnerin / den passenden Partner, um die Sätze wieder zu vervollständigen. Dann wird gewechselt und Gruppe B bewirft Gruppe A mit „Schneebällen".

Variante
Zur Differenzierung können langsamer Lernende mit den Sätzen der Kopiervorlage *weil*-Sätze bilden und diese dann auf die Zettel schreiben. Dazu stehen sie nach Bedarf auf und laufen zu den aufgehängten Kopiervorlagen.

Warum kommt Ali nicht zum Unterricht?	Er hat Zahnschmerzen.
Warum ist Peter traurig?	Er hat keine Freunde.
Warum ist Marie so schlank?	Sie macht viel Sport.
Warum hat Anna den Bus verpasst?	Sie hat verschlafen.
Warum spricht Eleni so gut Deutsch?	Sie lernt jeden Tag Vokabeln.
Warum hat Ayah eine große Familie?	Sie hat viele Geschwister.
Warum ist Christina glücklich?	Sie hat die Prüfung bestanden.
Warum kommt Dana immer zu spät?	Sie hört den Wecker nicht.
Warum lernt Ben Deutsch?	Er möchte in Deutschland leben.
Warum macht Marc die C1-Prüfung	Er will in Deutschland studieren.
Warum geht Konstantin zum Jobcenter?	Er hilft seinen Eltern beim Übersetzen.
Warum lebt Gabriel in Deutschland?	Seine Eltern haben Arbeit in Deutschland gefunden.
Warum kauft sich Maryam ein neues Kleid?	Sie ist auf eine Hochzeit eingeladen.
Warum sind alle Lernenden glücklich?	Der Deutschunterricht macht allen Spaß.
Warum liest Lina die Wohnungsanzeigen?	Sie sucht eine neue Wohnung für die / ihre Familie.
Warum ist Christoph wütend?	Er hat sich mit seiner Freundin gestritten.

66 Sprachspiele für die Schule
ISBN 978-3-12-674156-9
Alles Digitale auf allango.net

41 | Ratespiel: Wenn ich alles zu ernst nehme, …

Sprachniveau
A2

Lerninhalt / Themenfeld
Nebensätze mit *wenn*

Anzahl der Spielerinnen / Spieler
beliebig

Spieldauer
15 Minuten

Benötigtes Material
■ 1 Karte mit *JA* und 1 Karte mit *NEIN*

Spielverlauf
Die *JA-/NEIN*-Karten werden auf den Boden gelegt. Eine Person erhält die Kopiervorlage mit den Sätzen und Antworten und ist damit die Spielführerin / der Spielführer. Es werden zwei Gruppen gebildet. Jede Gruppe bestimmt eine Spielerin / einen Spieler. Die Spielführerin / Der Spielführer liest nun den ersten Satz vor und die beiden Spielerinnen / Spieler sollen raten, ob der Satz richtig oder falsch ist. Dabei sollen sie sich möglichst schnell entscheiden und sich dann an die *JA*- oder an die *NEIN*-Karte stellen. Die Spielführerin / Der Spielführer liest nun die richtige Antwort vor. Wenn die Spielerin / der Spieler richtig geraten hat, bekommt ihre / seine Gruppe einen Punkt. Jetzt wird eine neue Spielerin / ein neuer Spieler ausgewählt und das Spiel fortgesetzt. Die Gruppe, die am Schluss die meisten Punkte hat, gewinnt das Spiel.

Varianten
■ Sollte der Raum nicht groß genug sein, bekommen die zwei Spielenden je eine *JA*-Karte und eine *NEIN*-Karte, die sie hochhalten.
■ Eine andere Variante könnte so aussehen: Die Lernenden überlegen sich eigene Sätze. Dazu brauchen sie vor dem Spiel etwas Zeit, um sich die Sätze aufzuschreiben. Hier bietet es sich an, dass die Lehrkraft die Sätze korrigiert, bevor das Spiel beginnt. Gespielt wird wieder in zwei Gruppen. Abwechselnd lesen die Gruppen ihre Sätze vor und eine Spielerin / ein Spieler der anderen Gruppe muss raten, ob der Satz richtig oder falsch ist.

	Antwort
Wenn es regnet, gehe ich gerne spazieren.	ja
Wenn mich jemand ärgert, lächele ich.	nein
Wenn ich keine Zeit habe, nehme ich den Bus.	ja
Wenn ich morgens hungrig bin, esse ich zu Mittag.	nein
Wenn ich müde bin, trinke ich einen Kaffee.	ja
Wenn ich Ferien habe, gehe ich zur Schule.	nein
Wenn ich viele Freunde habe, bin ich immer allein.	nein
Wenn ich Hausaufgaben habe, habe ich viel Zeit.	nein
Wenn ich gut Deutsch spreche, finde ich leichter eine Arbeit.	ja
Wenn ich viel arbeite, bin ich abends nicht müde.	nein
Wenn ich die Prüfung bestehe, lerne ich noch weiter Deutsch.	ja
Wenn ich viel Deutsch spreche, lerne ich viel dazu.	ja
Wenn es kalt ist, grille ich im Park.	nein
Wenn es sehr warm ist, laufe ich Schlittschuh.	nein
Wenn ich helfen kann, tue ich das gern.	ja
Wenn ich sehr gut Deutsch spreche, möchte ich studieren.	ja
Wenn man viele Kinder hat, hat man auch viel Geld.	nein
Wenn man viele Kinder hat, ist man reich.	ja
Wenn man viele Kinder hat, hat man auch viel Arbeit.	ja
Wenn ich alles zu ernst nehme, bin ich oft traurig.	ja

66 Sprachspiele für die Schule
ISBN 978-3-12-674156-9
Alles Digitale auf allango.net

Du hast dir von deinen Bekannten und Verwandten viele Sachen ausgeliehen. Jetzt weißt du nicht mehr so genau, wem was gehört. Frage deine Partnerin / deinen Partner und zeichne die Antworten ein.

Redemittel
B: Wem gehört der Stadtplan?
A: Der gehört meiner Mutter.

B: Gehört der Stadtplan deinem Bruder?
A: Nein, der gehört meiner Mutter.

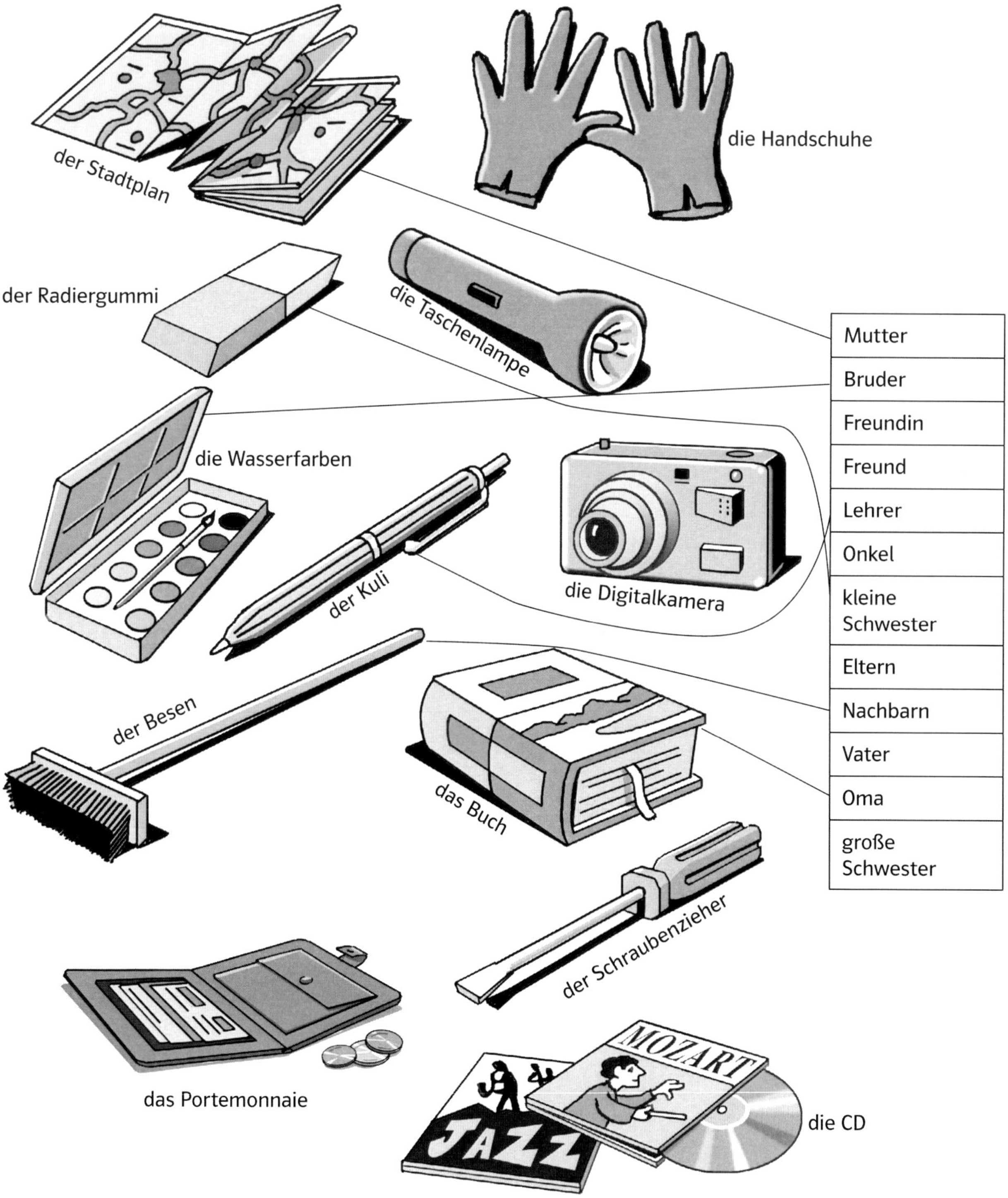
der Stadtplan
die Handschuhe
der Radiergummi
die Taschenlampe
die Wasserfarben
der Kuli
die Digitalkamera
der Besen
das Buch
der Schraubenzieher
das Portemonnaie
MOZART
JAZZ
die CD
Mutter
Bruder
Freundin
Freund
Lehrer
Onkel
kleine Schwester
Eltern
Nachbarn
Vater
Oma
große Schwester

66 Sprachspiele für die Schule
ISBN 978-3-12-674156-9
Alles Digitale auf allango.net

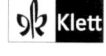

Du hast dir von deinen Bekannten und Verwandten viele Sachen ausgeliehen. Jetzt weißt du nicht mehr so genau, wem was gehört. Frage deine Partnerin / deinen Partner und zeichne die Antworten ein.

Redemittel
A: Wem gehört die Taschenlampe?
B: Die gehört meinem Freund.

A: Gehört die Taschenlampe deinem Bruder?
B: Nein, die gehört meinem Freund.

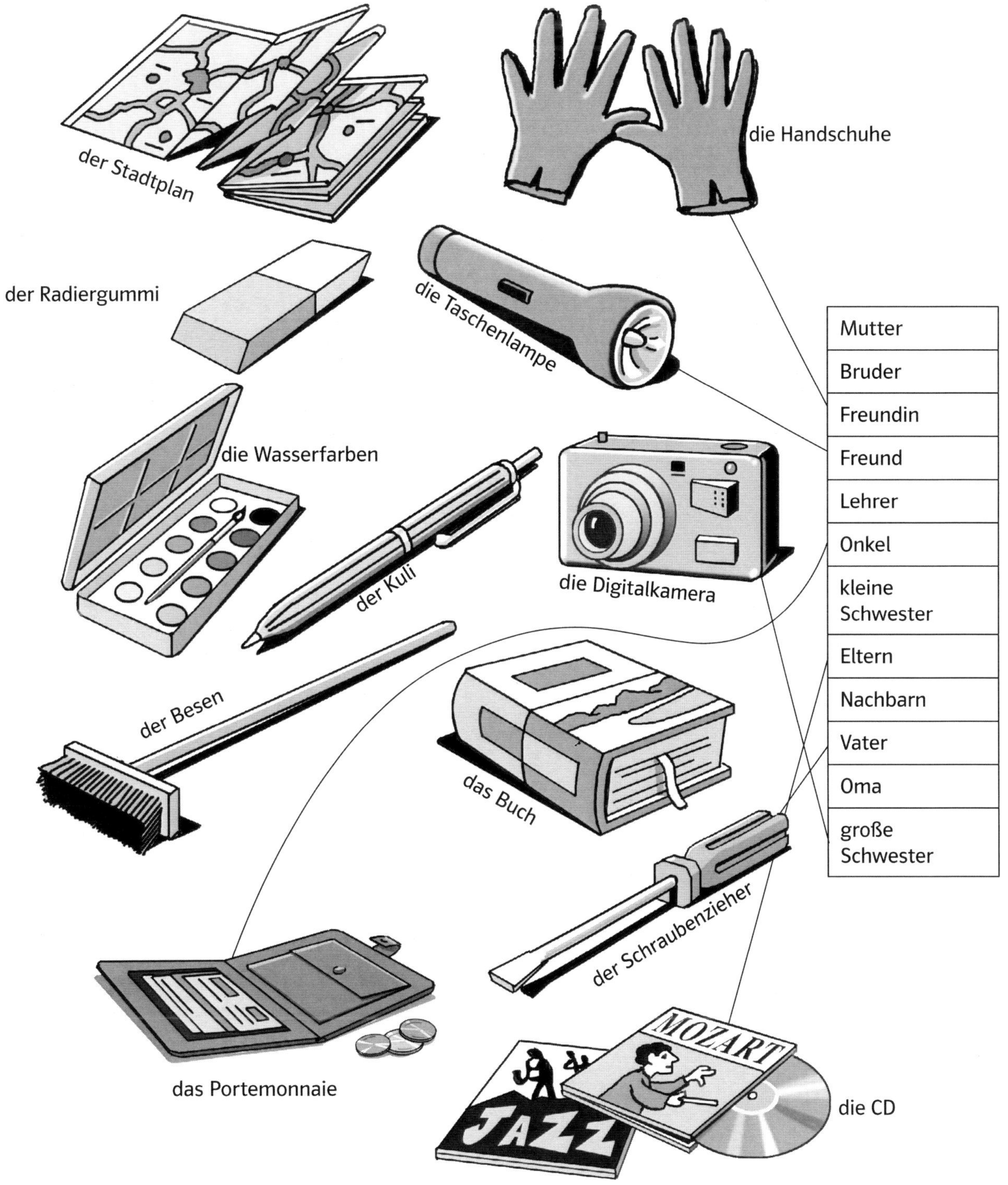

der Stadtplan

die Handschuhe

der Radiergummi

die Taschenlampe

die Wasserfarben

der Kuli

die Digitalkamera

der Besen

das Buch

das Portemonnaie

der Schraubenzieher

die CD

MOZART

JAZZ

| Mutter |
| Bruder |
| Freundin |
| Freund |
| Lehrer |
| Onkel |
| kleine Schwester |
| Eltern |
| Nachbarn |
| Vater |
| Oma |
| große Schwester |

66 Sprachspiele für die Schule
ISBN 978-3-12-674156-9
Alles Digitale auf allango.net

Du bist fremd in der Stadt und weißt nicht, wie die Busse fahren.
Frage deine Partnerin / deinen Partner, wie die Linien 1, 3, 5, 7 und 9 fahren.

Zeichne die Antworten ein.

Redemittel
B: Wie fährt die Linie 11?
   Weißt du, wie die Linie 11 fährt?
   Kannst du mir sagen, wie die Linie 11 fährt?
A: Die fährt vom Krankenhaus zur Stadtbibliothek / von der Stadtbibliothek zum Krankenhaus.

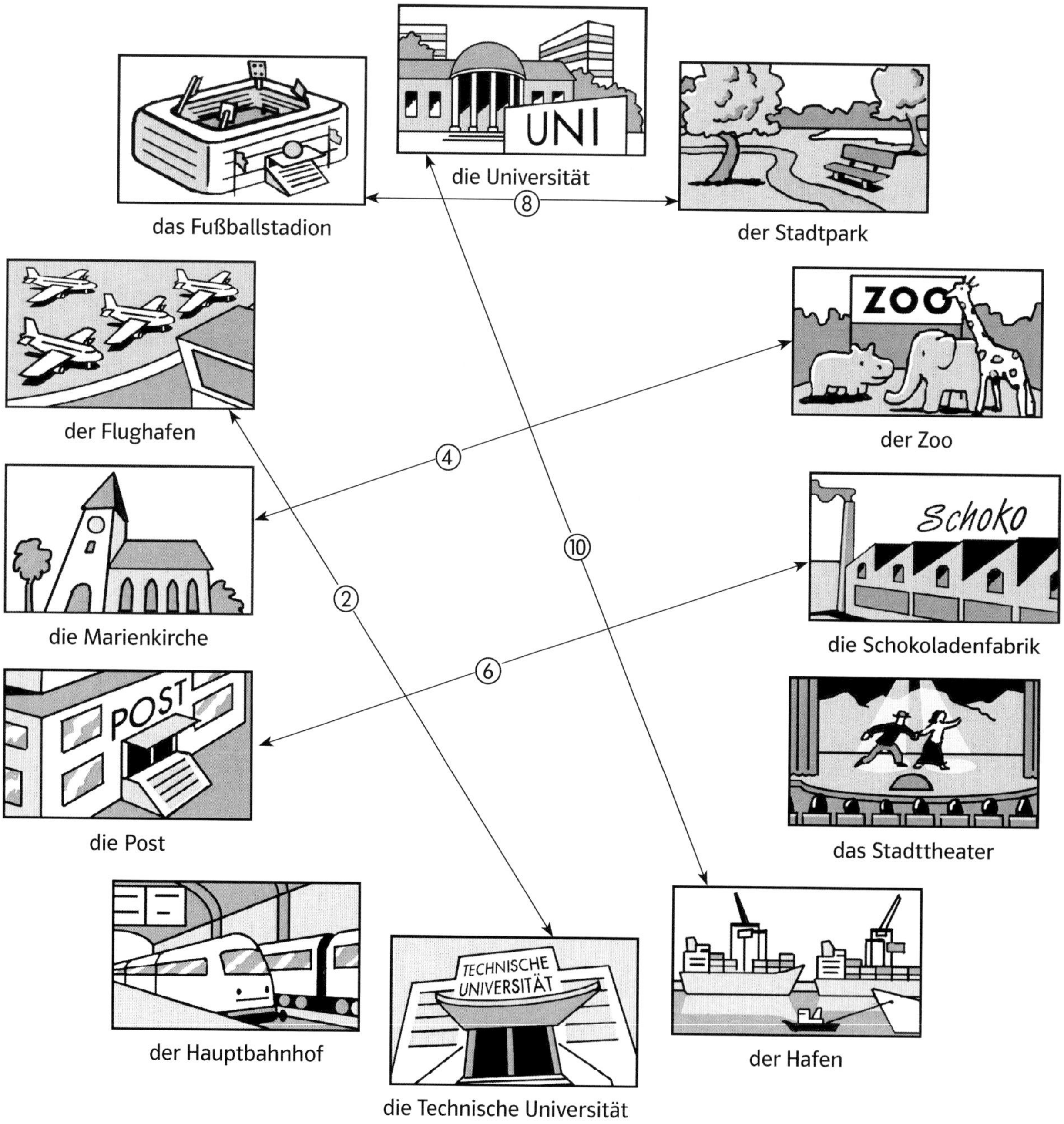

das Fußballstadion

die Universität
⑧

der Stadtpark

der Flughafen

der Zoo

④

⑩

die Marienkirche

②

die Schokoladenfabrik

⑥

die Post

das Stadttheater

der Hauptbahnhof

die Technische Universität

der Hafen

66 Sprachspiele für die Schule
ISBN 978-3-12-674156-9
Alles Digitale auf allango.net

B

Du bist fremd in der Stadt und weißt nicht, wie die Busse fahren.
Frage deine Partnerin / deinen Partner, wie die Linien 2, 4, 6, 8 und 10 fahren.

Zeichne die Antworten ein.

Redemittel
A: Wie fährt die Linie 11?
   Weißt du, wie die Linie 11 fährt?
   Kannst du mir sagen, wie die Linie 11 fährt?
B: Die fährt vom Krankenhaus zur Stadtbibliothek /
   von der Stadtbibliothek zum Krankenhaus.

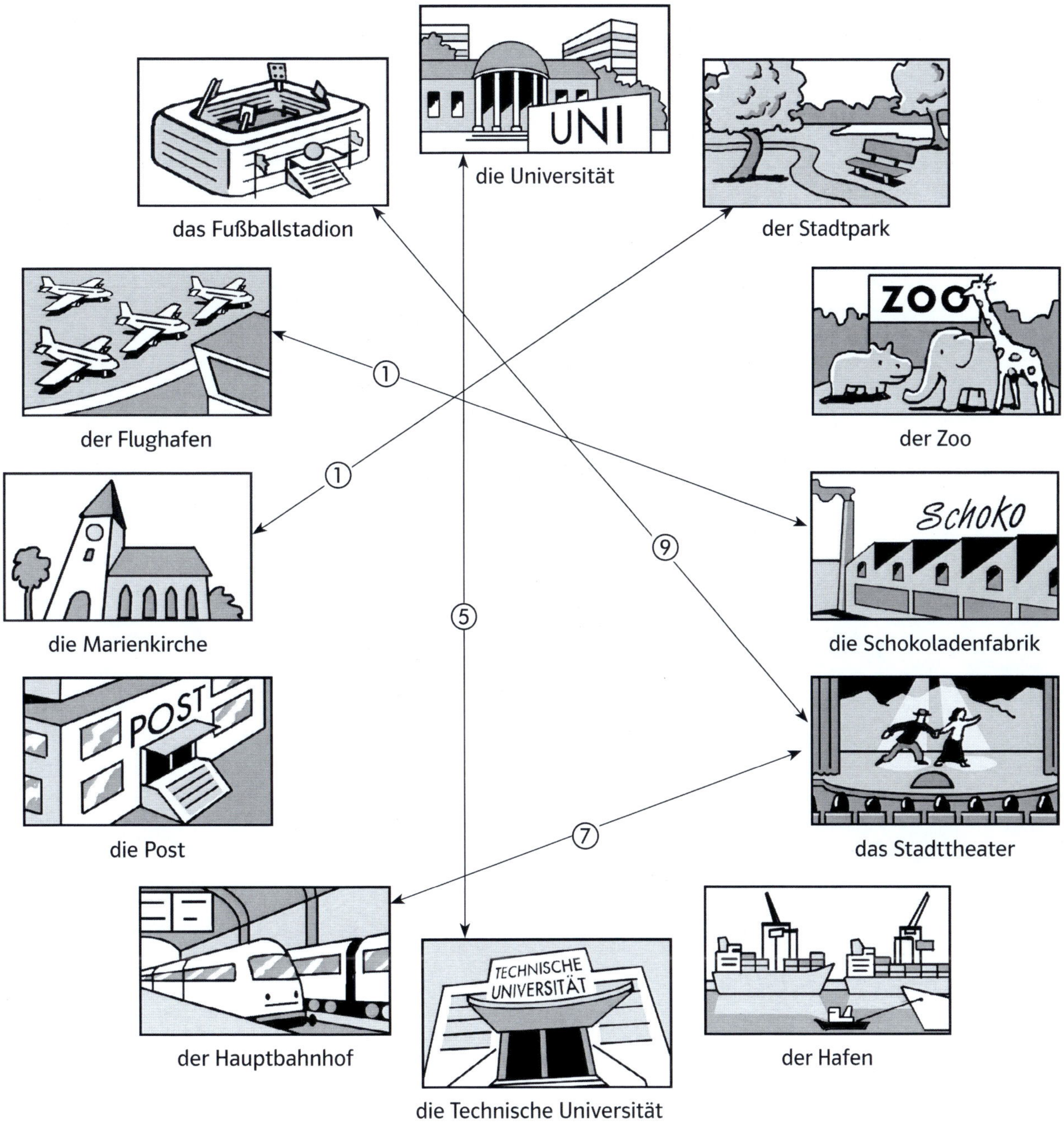

das Fußballstadion

die Universität

der Stadtpark

der Flughafen

① ①

der Zoo

die Marienkirche

⑨

die Schokoladenfabrik

⑤

die Post

das Stadttheater

⑦

der Hauptbahnhof

die Technische Universität

der Hafen

66 Sprachspiele für die Schule
ISBN 978-3-12-674156-9
Alles Digitale auf **allango.net**

© Ernst Klett Sprachen GmbH, Stuttgart 2019 | www.klett-sprachen.de | Alle Rechte vorbehalten. Die Nutzung der Inhalte
für Text- und Data-Mining ist ausdrücklich vorbehalten und daher untersagt. Von dieser Druckvorlage ist die Vervielfältigung
für den eigenen Unterrichtsgebrauch gestattet. Die Kopiergebühren sind abgegolten.

Klett

107

44 | Geburtstagsgeschenke: Was schenken wir wem?

Sprachniveau
A2

Lerninhalt / Themenfeld
Verben mit zwei Ergänzungen: Dativ und Akkusativ

Anzahl der Spielerinnen / Spieler
beliebig

Spieldauer
ca. 10 Minuten

Vorbereitung
- Kopiervorlage entsprechend der Anzahl der Paare bzw. Kleingruppen vervielfältigen und zerschneiden

Spielverlauf
Die Lernenden werden in Paare oder Kleingruppen eingeteilt und die zerschnittenen Kopiervorlagen werden verteilt. Die Lernenden ordnen auf dem Tisch den Personen die Geschenke zu. Dabei stellen sie die unten stehenden Fragen (s. Redemittel). Im Plenum berichten die Paare bzw. Kleingruppen anschließend, was sie den Personen schenken möchten. Eventuell können die Gründe hinzugefügt werden, sofern die Sprachkenntnisse der Lernenden dies zulassen.

Variante
Statt die Zuordnungen im Plenum zu vergleichen, können immer zwei Paare bzw. Kleingruppen zusammenarbeiten.

Redemittel (für die Partner- bzw. Gruppenarbeit)
- Was schenken wir ihm? Wir schenken ihm den / das / die …
- Was schenken wir ihr? Wir schenken ihr den / das / die …
- Was schenken wir ihnen? Wir schenken ihnen den / das / die …

Redemittel (für die Variante)
- Was schenkt ihr ihm? Wir schenken ihm den / das / die …
- Was schenkt ihr ihr? Wir schenken ihr den / das / die …
- Was schenkt ihr ihnen? Wir schenken ihnen den / das / die …

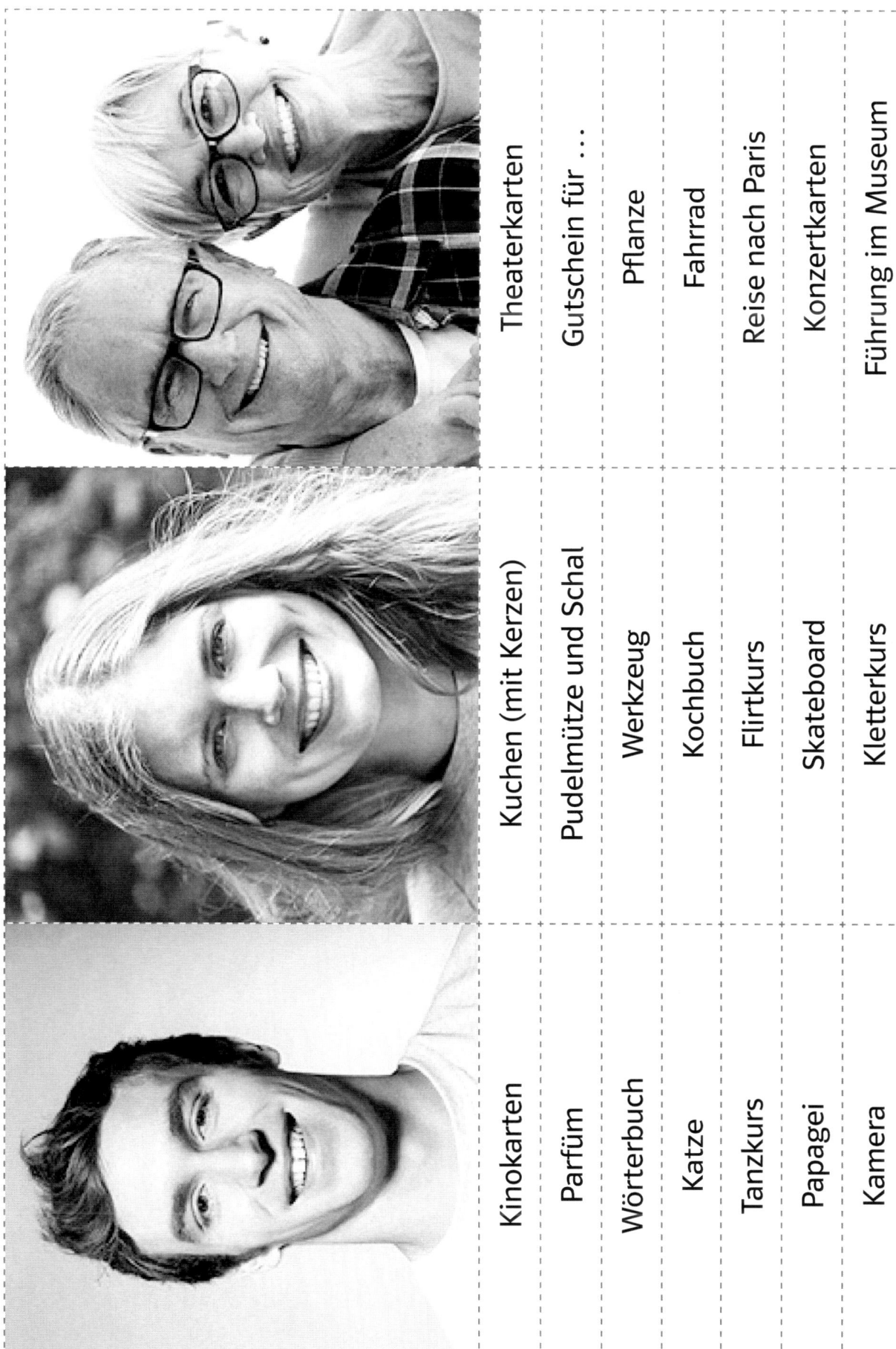

Theaterkarten

Gutschein für …

Pflanze

Fahrrad

Reise nach Paris

Konzertkarten

Führung im Museum

Kuchen (mit Kerzen)

Pudelmütze und Schal

Werkzeug

Kochbuch

Flirtkurs

Skateboard

Kletterkurs

Kinokarten

Parfüm

Wörterbuch

Katze

Tanzkurs

Papagei

Kamera

66 Sprachspiele für die Schule
ISBN 978-3-12-674156-9
Alles Digitale auf **allango.net**

45 | Satzbaukasten

Sprachniveau
A2

Lerninhalt / Themenfeld
Satzbau mit zwei Ergänzungen, Rhythmus, Melodie

Anzahl der Spielerinnen / Spieler
4 Spielgruppen mit mindestens 5 Lernenden pro Gruppe

Spieldauer
ca. 10–15 Minuten

Vorbereitung
- Wörtertafeln 1–4 kopieren und auseinanderschneiden, sortiert nach den Nummern (1, 2, 3, 4) auf den Karten 4 Stapel bilden
- auf die Rückseiten der Kärtchen jeweils groß und deutlich die Nummer von der Vorderseite schreiben, am besten mit unterschiedlichen Farben

Spielverlauf
Die Lernenden werden in vier Gruppen mit je mindestens 5 Teammitgliedern aufgeteilt. Die einzelnen Gruppen stehen in verschiedenen Ecken des Raums. In der ersten Gruppe erhält jede / jeder ein Kärtchen mit der Nummer 1, in der zweiten Gruppe ein Kärtchen mit der Nummer 2 usw. Jedes Teammitglied hält das Kärtchen so, dass nicht der Text, sondern nur die Zahl sichtbar ist.
Nun beginnt das lebendige Spiel. Die Lernenden der Gruppe 1 gehen zur Gruppe 2. Jede / Jeder wählt sich eine Mitspielerin / einen Mitspieler und nimmt sie / ihn an die Hand. Dann gehen beide zur Gruppe 3, wählen ein weiteres Teammitglied und nehmen die Person an die Hand usw. Am Ende gibt es neue Gruppen mit jeweils vier Mitgliedern (es müssen nicht alle Lernenden aus jeder Gruppe gewählt werden). Der Reihe nach drehen alle ihre Kärtchen um und lesen von 1 bis 4 vor, was darauf steht.

Beispiel:

1	2	3	4
DU **FÄHRST**	IM **WINTER**	MIT DEM **FAHRRAD**	ZUM **NORDPOL.**

Danach ist das Spiel zu Ende oder die Gruppen bekommen neue Zettel und das Spiel beginnt von vorn.

Möglichkeit 1: Es gibt keine Gewinnerin / keinen Gewinner. Ziel ist der Spaß am Sätzebasteln.
Möglichkeit 2: Bei jedem Satz darf laut gelacht und / oder geklatscht werden. Gewonnen hat die Gruppe mit dem lautesten Beifall.
Möglichkeit 3: Für leistungsstärkere Gruppen. Die Satzbauteile werden nur auf farbige Kärtchen kopiert und nicht nummeriert. Pro Satz darf jede Farbe nur einmal verwendet werden.

Varianten

- Jedes Teammitglied kann mehrere Kärtchen mit der gleichen Nummer erhalten und dann beim Sätzebasteln den lustigsten aussuchen.
- Es lassen sich auch weitere Sätze nach diesem Muster basteln.
- Die Sätze können emotional gesprochen werden, z.B. verwundert, fröhlich, ironisch.
- Es werden Behauptungen aufgestellt, denen widersprochen werden muss, z.B. A: „Mein Lehrer fährt morgen früh mit dem Dreirad in die Schule." B: „Was? Dein Lehrer fährt morgen früh mit dem Dreirad in die Schule?" – A: „Natürlich!" – B: „Nie im Leben!" – A: „Doch, das stimmt!" ...

Anmerkungen

- Die Lernenden können die Sätze (Hörbeispiel 9) *nach* dem Spiel hören und nachsprechen.
- Ermuntern Sie die Lernenden dazu, beim Vorsprechen ihres Textes das nächste Teammitglied in der Reihe anzusehen, denn wenn sich die Sprecherinnen / Sprecher aufeinander beziehen, stellt sich ein natürlicher Rhythmus besser ein.
- Weisen Sie die Lernenden darauf hin, dass die fett gedruckten Wörter besonders deutlich und laut (gespannt) gesprochen werden soll. Das zusätzlich unterstrichene Wort (= Hauptakzent) muss besonders stark hervorgehoben werden.
- Notieren Sie sich eventuelle Fehler und üben Sie erst nach dem Spiel mit den Lernenden, während des Spiels erfolgt keine Fehlerkontrolle.

Hörbeispiel 9 für Hör-, Nachsprech- und Diktatübungen

Du fährst im Winter mit dem Fahrrad zum Nordpol.
Der Polizist fährt am Freitag in einem Körbchen zum Mond.
Mein Lehrer fährt morgen früh mit dem Dreirad in die Schule.
Du fährst im Sommer mit dem Skateboard nach Mexiko.
Mein Opa fährt in zehn Jahren mit dem Roller in den Hühnerstall.
Mein Hund fliegt im Januar mit dem Auto zum Spielplatz.
Meine Schwester fliegt in der Nacht mit dem Motorrad zum Nordpol.
Meine Freundin fährt in den Ferien mit dem Fahrrad zu meiner Oma.

1	1
DU **FÄHRST**	DER POLIZIST **FÄHRT**
1	1
MEINE SCHWESTER **FLIEGT**	MEIN BRUDER **FÄHRT**
1	1
MEINE FREUNDIN **FÄHRT**	MEINE LEHRERIN / MEIN LEHRER **FÄHRT**
1	1
MEIN OPA **FÄHRT**	MEIN HUND **FLIEGT**

2	2
IM **JANUAR**	IN DEN **FERIEN**
2	2
AM **FREITAG**	IN ZEHN **JAHREN**
2	2
MORGEN **FRÜH**	IM **WINTER**
2	2
IN DER **NACHT**	IM **SOMMER**

66 Sprachspiele für die Schule
ISBN 978-3-12-674156-9
Alles Digitale auf **allango.net**

3

MIT DEM **AUTO**

3

MIT DEM **SKATEBOARD**

3

MIT DEM **ROLLER**

3

MIT DEM **FLUGZEUG**

3

IN EINEM **KÖRBCHEN**

3

MIT DEM **FAHRRAD**

3

MIT DEM **MOTORRAD**

3

MIT DEM **DREIRAD**

4

NACH **MEXIKO**.

4

ZUM **SPIELPLATZ**.

4

INS **FERIENLAGER**.

4

ZUM **MOND**.

4

ZU MEINER **OMA**.

4

IN DEN **HÜHNERSTALL**.

4

IN DIE **SCHULE**.

4

ZUM **NORDPOL**.

66 Sprachspiele für die Schule
ISBN 978-3-12-674156-9
Alles Digitale auf **allango.net**

Klett

46 | Koffer packen

Sprachniveau
A2

Lerninhalt / Themenfeld
Akkusativ; trennbares Präfix

Anzahl der Spielerinnen / Spieler
beliebig

Spieldauer
10–15 Minuten

Benötigtes Material
- evtl. Kleidung bzw. Dinge für eine Reise
- Koffer oder Kiste

Vorbereitung
- für die Variante(n): die Kopiervorlage kopieren und zerschneiden

Spielverlauf
Alle Lernenden werden in der vorangehenden Unterrichtsstunde gebeten, einen Gegenstand (in kleineren Lerngruppen auch zwei Gegenstände) mitzubringen, die sie mit auf eine Reise nehmen würden. Das kann ein Kleidungsstück, ein Ball, Sonnencreme usw. sein. Die Lehrkraft bringt einen Koffer oder alternativ eine leere Kiste mit. Alle stellen sich im Kreis auf; der Koffer steht in der Mitte. Nun beginnt die erste Lernerin / der erste Lerner: Sie / Er legt den mitgebrachten Gegenstand in den Koffer und sagt dabei den Satz:

Beispiel: „Ich packe meinen Koffer und nehme einen Ball mit."

Die nächste Person im Kreis führt das Spiel fort: Sie legt ihren Gegenstand in den Koffer, wiederholt den Satz und fügt den eigenen Gegenstand hinzu.

Beispiel: „Ich packe meinen Koffer und nehme einen Ball und eine Badehose mit."

Das Spiel wird fortgeführt, bis alle Lernenden ihre mitgebrachten Sachen in den Koffer gelegt haben. Wer einen Fehler macht, scheidet aus. Die Lernenden, die am Ende übrig sind, haben gewonnen.

Varianten
- Alternativ können Dinge eingepackt werden, die im Klassenraum vorhanden sind, wie Stifte, Bücher oder Jacken der Lernenden, oder es können die Karten der Kopiervorlage verteilt werden.
- Das Spiel kann auch in Kleingruppen durchgeführt werden. Dazu wird die Kopiervorlage vervielfältigt und zerschnitten. Die Karten werden gleichmäßig an die Lernenden verteilt.
- Das Spiel eignet sich auch für das Niveau B1 oder B2. Die Lernenden fügen dann Attribute hinzu. Beispiel: „Ich packe meinen Koffer und nehme einen roten Ball mit."
- Alternativ kann dieses Spiel auch mit anderen Themen gespielt werden, z.B. *Einkaufen gehen*. Dann stellt man einen Einkaufskorb in die Mitte.

Beispiel: „Ich kaufe Äpfel, … ein."

Sonnencreme	**Ball**	**Buch**
Rock	**Bluse**	**Stift**
Handschuh	**Jeans**	**Unterhemd**
Sportschuh	**Hose**	**Hemd**
Mantel	**Krawatte**	**T-Shirt**
Badeanzug	**Mütze**	**Handtuch**
Anzug	**Badehose**	**Stiefel**
Strümpfe	**Jacke**	**Pullover**

66 Sprachspiele für die Schule
ISBN 978-3-12-674156-9
Alles Digitale auf **allango.net**

47 | Wort-Trio

Sprachniveau
A2

Lerninhalt / Themenfeld
Wortschatz wiederholen: Nomen, Verben, Adjektive; beliebiger Wortschatz
(nach Oberbegriffen)

Anzahl der Spielerinnen / Spieler
Kleingruppen mit je 2 Teams

Spieldauer
15–20 Minuten

Spielverlauf
Überlegen Sie sich drei Wörter, die Sie wiederholen möchten und die eine
inhaltliche Gemeinsamkeit haben. Stellen Sie alle drei Wörter an der Tafel durch
Striche dar, ein Strich pro Buchstabe. Fragen Sie die Lernenden: Was verbindet
diese Wörter? Was haben sie gemeinsam? Setzen Sie dann den ersten Buchstaben
ein, der im Alphabet von hinten vorkommt.

Beispiel:
```
_ Ü _ _ _ _ _ _ _ _
_ _ _ _ _ _ _ _ _ _
_ _ _ _ _ _ _ _ _ _
```

Setzen Sie nach einer kurzen Denkpause den nächsten Buchstaben ein:

```
_ Ü _ _ _ _ _ _ _ _
_ _ _ _ T _ _ _ _ _
_ _ _ _ _ _ _ _ _ _
```

Setzen Sie dies fort, bis jemand eine Idee hat. Die Wörter dürfen aber nicht
genannt werden!

```
_ Ü _ L S _ _ R _ N _
_ L _ _ T R O _ _ R _
_ _ _ _ _ _ M _ S _ _ _ N _
```

In diesem Beispiel vermutet eine Lernerin / ein Lerner richtig, dass die ersten
beiden Wörter *Kühlschrank* und *Elektroherd* sind, und sagt: „Das sind alles
Küchenmöbel", was aber nicht korrekt ist. Setzen Sie das Spiel fort, bis jemand auf
die Lösung kommt (hier: Elektrogeräte – *Kühlschrank, Elektroherd, Kaffeemaschine*).
Jetzt wird in Paaren oder Teams weitergespielt. Jedes Team bereitet einen Zettel
mit Blankostrichen vor und setzt den ersten vorkommenden Buchstaben ein
(wieder im Alphabet von hinten). Die Zettel werden gleichzeitig getauscht, dann
betrachtet und (wieder gleichzeitig) zurückgetauscht, damit der nächste Buchstabe
eingesetzt werden kann. Wer zuerst auf die gesuchte Lösung kommt, gewinnt die
Runde. Für die nächste Runde werden neue Wort-Trios erstellt.

Anmerkungen

- Die drei Wörter müssen keine Nomen sein, es ist aber hilfreich, wenn es sich
  jeweils um die gleiche Wortart handelt.
- Sie können den Wortschatz steuern, indem Sie den Teams Vorschlagslisten geben.

Redemittel

- Das sind (alles) …
- Leider nicht. / Falsch.
- Stimmt!

48 | Würfelspiel: Ich trage einen blauen Mantel

Sprachniveau
A2

Lerninhalt / Themenfeld
Adjektiv-Endungen

Anzahl der Spielerinnen / Spieler
beliebig

Spieldauer
10–15 Minuten

Benötigtes Material
- 2 große Würfel mit Einstecktaschen oder Würfel, die beklebt werden können (s. Hinweis auf S. 9)

Vorbereitung
- Kopiervorlagen kopieren, zerschneiden und die Karten mit den Nomen in die Einstecktaschen des einen Würfels, die mit den Adjektiven in die des zweiten Würfels stecken bzw. aufkleben

Spielverlauf
Die Lernenden stellen sich im Kreis auf und eine Person würfelt mit beiden Würfeln. Die Person, die gewürfelt hat, bildet dann mit den gewürfelten Wörtern einen Satz.

Beispiel: „Ich trage einen blauen Mantel."

Die Lehrkraft greift bei Fehlern korrigierend ein.

Varianten
- Die Lernenden können alternativ zu einem Aussagesatz einen Fragesatz bilden. Sie stellen die Frage dann der Person, die rechts neben ihnen steht.

Beispiel: „Hast du einen blauen Mantel?"
„Ja, ich habe einen blauen Mantel."/
„Nein, ich habe keinen blauen Mantel."

- Bei größeren Kursen kann man in zwei Gruppen spielen, man braucht dann vier Würfel.
- Alternativ kann man die Lernenden in Gruppen gegeneinander spielen lassen und für jeden richtig gebildeten Satz einen Punkt vergeben.
- Differenzierung: Die Lernenden erweitern den Satz.

Beispiel: „Ich trage einen blauen Mantel mit einem roten Schal."

Jacke

Mantel

Hemd

Schal

Hand-schuhe

Hose

66 Sprachspiele für die Schule
ISBN 978-3-12-674156-9
Alles Digitale auf **allango.net**

blau

neu

rot

alt

elegant

teuer

49 | Dresscode

Sprachniveau
A2

Lerninhalt / Themenfeld
- Wortschatz üben und anwenden: Nomen, Adjektive; Kleidung, Farben
- Grammatik: Adjektiv-Deklination (unbestimmter Artikel / Akkusativ)

Anzahl der Spielerinnen / Spieler
alle / Großgruppe

Spieldauer
ca. 10 Minuten

Spielverlauf
Die Gruppe und die Lehrkraft sitzen im Kreis. Erklären Sie das Wort *Türsteher* und fragen Sie, ob jemand schon Erfahrungen mit Türstehern gemacht hat (Gesichtskontrolle, Kleidervorschrift usw.).
Erklären Sie dann die Spielsituation: Sie selbst sind die Türsteherin / der Türsteher vor einem Hochhaus, in dem heute viele Partys stattfinden. Sagen Sie an, wie viele Stockwerke das Haus hat. (Die Anzahl der Stockwerke entspricht der Anzahl der Lernenden, Sie selbst eingerechnet. Diese Formel dürfen sie aber nicht verraten!)

Die Lernenden sollen versuchen, ins Haus zu kommen. Aber nicht auf jeder Party ist man willkommen, wenn man die falsche Kleidung trägt! Wer ins Haus will, muss Ihnen sagen, welche Kleidung sie / er (angeblich) trägt – dies soll frei erfunden werden – und in welches Stockwerk sie / er will. Wenn also beispielsweise Megan ins Haus möchte, spricht sie Sie so an:

Beispiel:
> – „Guten Abend, ich möchte gern in den 10. Stock."
> – „Aha, da müssen wir erst mal schauen, ob du richtig angezogen bist."
> – „Ja, sehen Sie hier, ich trage ein blaues T-Shirt und eine weiße Hose."
> – „Tut mir leid, ich kann dich nicht ins Haus lassen. Du kannst gern wiederkommen, wenn du etwas anderes anhast."

Der Grund dafür, dass Megan nicht herein darf, ist folgender: Um in den 10. Stock zu kommen, muss sie die Farbkombination der Kleidung wählen, die die Person, die zehn Plätze im Uhrzeigersinn von ihr entfernt sitzt, in Wirklichkeit trägt. Zehn Plätze entfernt von Megan sitzt Arja, die einen weißen Rock und eine schwarze Bluse anhat (unten passt, oben aber nicht).
Drei Plätze links von Megan sitzt Lucien. Er fragt, ob er in den siebten Stock darf, und gibt an, ein schwarzes Jackett und eine weiße Hose zu tragen.
Sieben Plätze von Lucien entfernt sitzt Arja in ihrer Oben-schwarz-unten-weiß-Kombination – er darf also ins Haus.
Wenn jemand ins Erdgeschoss möchte, ist dies quasi die Nullposition – er muss also die Farbkombination angeben, die er selbst tatsächlich trägt.
Das Ziel des Spiels ist es, herauszufinden, wann jemand ins Haus darf.

Variante

Noch schwieriger wird es, wenn man während des Spiels die Plätze tauscht.

Anmerkungen

- Wer glaubt, die Lösung gefunden zu haben, soll diese nicht verraten, sondern weiter mitspielen, um auch anderen eine Chance zu geben.
- Zählen Sie unauffällig die Lernenden, bevor Sie anfangen, und schauen Sie sich auch an, was diese tragen, sonst wird man Ihnen während des Spiels schnell auf die Schliche kommen.
- Wiederholen Sie vor dem Spiel die Ordinalzahlen: ... in den ersten / zweiten / dritten / ... / siebten / ... Stock.
- Ausdrücklich auf sprachliche Fehler zu fokussieren, ist während des Spielens nicht sinnvoll, aber hier bietet Ihre Rolle als Türsteherin / Türsteher – falls gewünscht – eine gute Gelegenheit für „dezente" Korrekturmaßnahmen.

Beispiel:
- „Ich will fünfte Stock bitte."
- „Hm, du willst / möchtest *in den fünften Stock.* ... Lass mal sehen, was du anhast ..."
- „Ich trage blauen Top und weiße Jeans."
- „Ah, du trägst *ein blaues Top* und weiße Jeans, wirklich sehr schick. Du kannst ins Haus, viel Spaß bei der Party."

- Auch die Lernenden haben oft die Befürchtung, sich durch ausbleibende Korrekturen etwas Falsches anzugewöhnen. Erklären Sie, wie wichtig Phasen sind, in denen freies Sprechen im Vordergrund steht. Wenn Sie dann konsequent zu einem späteren Zeitpunkt auf Fehler eingehen, werden sich diese Ängste schnell legen.

Redemittel

- Ich möchte ins Erdgeschoss / in den ... Stock.
- Ich möchte zur Party im Erdgeschoss / ... Stock.
- Ich trage einen / ein / eine roten / rotes / rote ...
- Warum denn nicht?
- Das verstehe ich nicht.
- Ich glaube, ich hab's!

1 Freitag, 16.00 Uhr! Gleich haben wir die Schule hinter uns. Wochenende! Endlich! Was machen wir da? Jede / Jeder hat so ihre / seine Pläne. Was wirst du tun? Und deine Freundinnen / Freunde und Mitschülerinnen / Mitschüler? Von einigen weißt du es schon, aber nicht von allen. Zeichne zuerst ein, was du am Wochenende tun wirst. Du kannst dabei die leeren Kästchen ausfüllen.

2 Dann frage deine Partnerin / deinen Partner. Zeichne die Antworten ein.

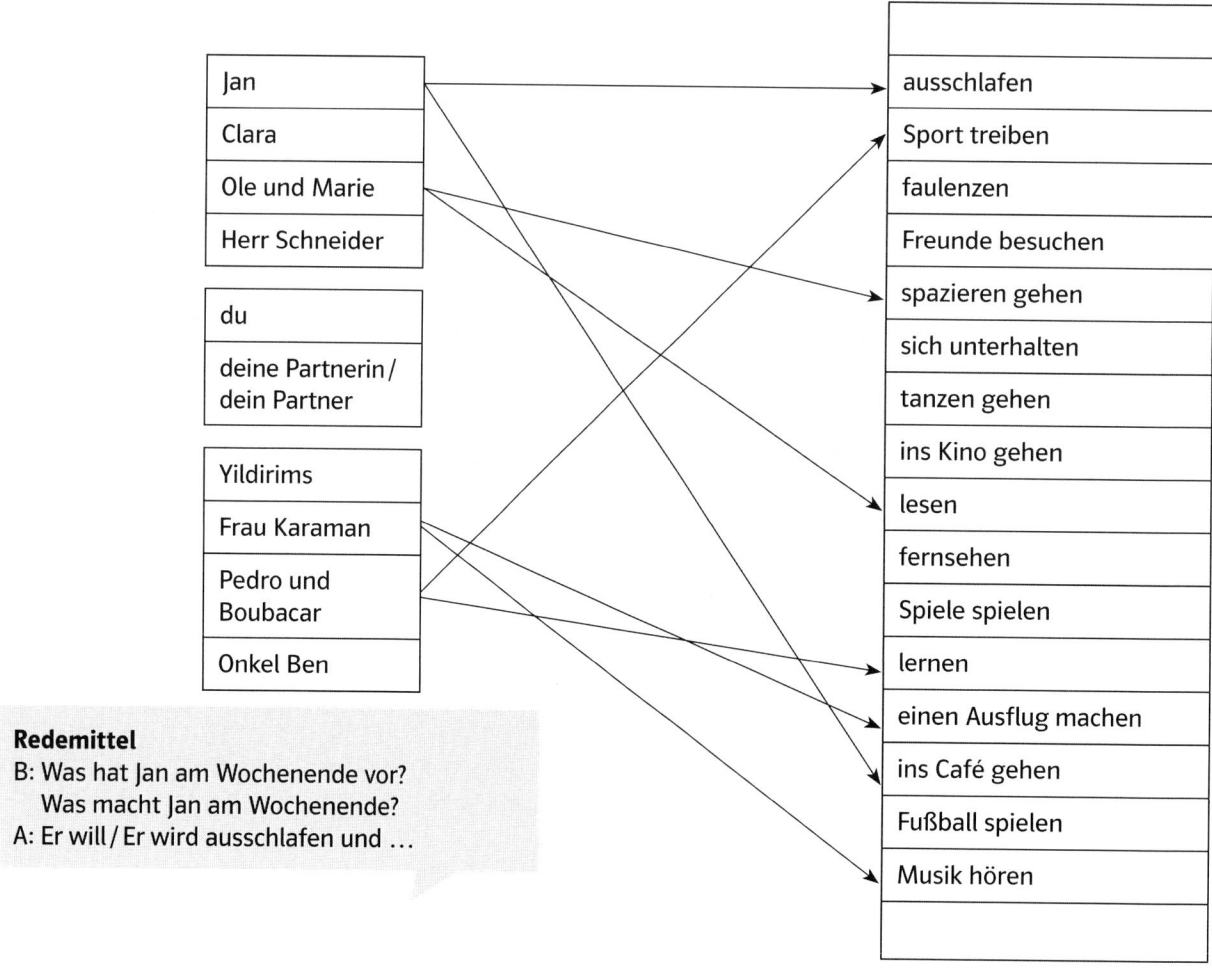

Jan	ausschlafen
Clara	Sport treiben
Ole und Marie	faulenzen
Herr Schneider	Freunde besuchen
	spazieren gehen
du	sich unterhalten
deine Partnerin / dein Partner	tanzen gehen
	ins Kino gehen
Yildirims	lesen
Frau Karaman	fernsehen
Pedro und Boubacar	Spiele spielen
Onkel Ben	lernen
	einen Ausflug machen
	ins Café gehen
	Fußball spielen
	Musik hören

Redemittel
B: Was hat Jan am Wochenende vor?
   Was macht Jan am Wochenende?
A: Er will / Er wird ausschlafen und …

3 Wer ist aktiv? Wer ist passiv? Sprecht in der Klasse.

66 Sprachspiele für die Schule
ISBN 978-3-12-674156-9
Alles Digitale auf allango.net

1 Freitag, 16.00 Uhr! Gleich haben wir die Schule hinter uns. Wochenende! Endlich! Was machen wir da? Jede / Jeder hat so ihre / seine Pläne. Was wirst tun? Und deine Freundinnen / Freunde und Mitschülerinnen / Mitschüler? Von einigen weißt du es schon, aber nicht von allen. Zeichne zuerst ein, was du am Wochenende tun wirst. Du kannst dabei die leeren Kästchen ausfüllen.

2 Dann frage deine Partnerin / deinen Partner. Zeichne die Antworten ein.

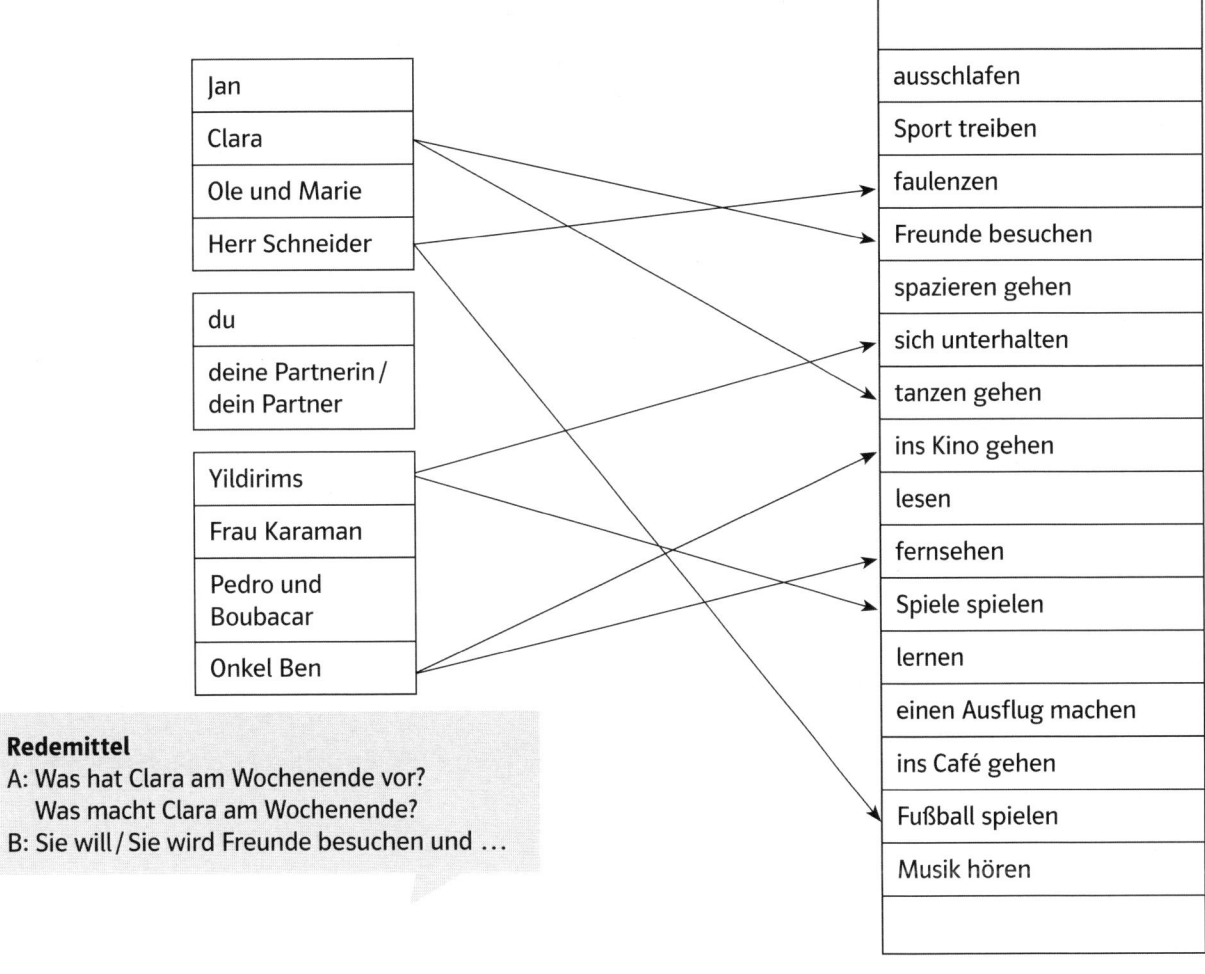

Jan	ausschlafen
Clara	Sport treiben
Ole und Marie	faulenzen
Herr Schneider	Freunde besuchen
	spazieren gehen
du	sich unterhalten
deine Partnerin / dein Partner	tanzen gehen
	ins Kino gehen
Yildirims	lesen
Frau Karaman	fernsehen
Pedro und Boubacar	Spiele spielen
Onkel Ben	lernen
	einen Ausflug machen
	ins Café gehen
	Fußball spielen
	Musik hören

Redemittel

A: Was hat Clara am Wochenende vor?
   Was macht Clara am Wochenende?
B: Sie will / Sie wird Freunde besuchen und …

3 Wer ist aktiv? Wer ist passiv? Sprecht in der Klasse.

 **66 Sprachspiele für die Schule**
ISBN 978-3-12-674156-9
Alles Digitale auf **allango.net**

Frage deine Partnerin / deinen Partner, wo die folgenden Städte liegen:

- Freiburg
- Neubrandenburg
- Leipzig
- München
- Frankfurt a. M. (am Main)

Schreibe die Namen der Städte auf die Landkarte.

Redemittel

Wo liegt Lindau? – Lindau liegt in Süddeutschland, östlich / südöstlich von Konstanz.

nördlich von …	nordöstlich von …
südlich von …	nordwestlich von …
östlich von …	südöstlich von …
westlich von …	südwestlich von …
	zwischen … und …

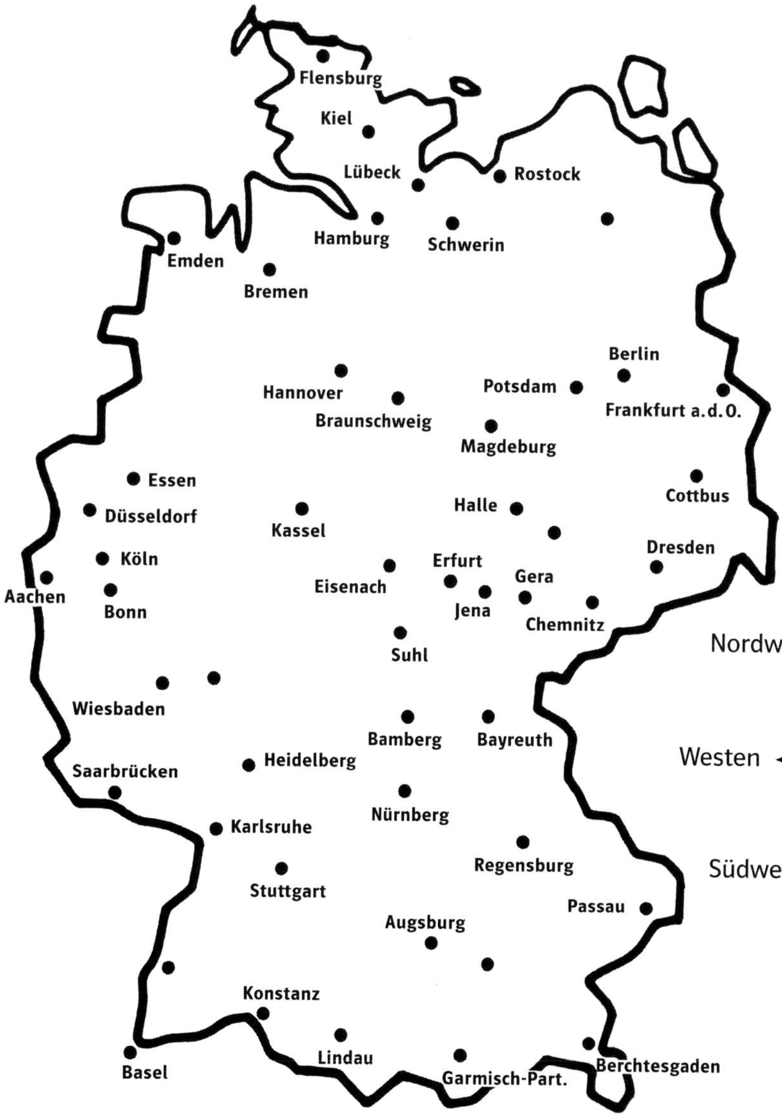

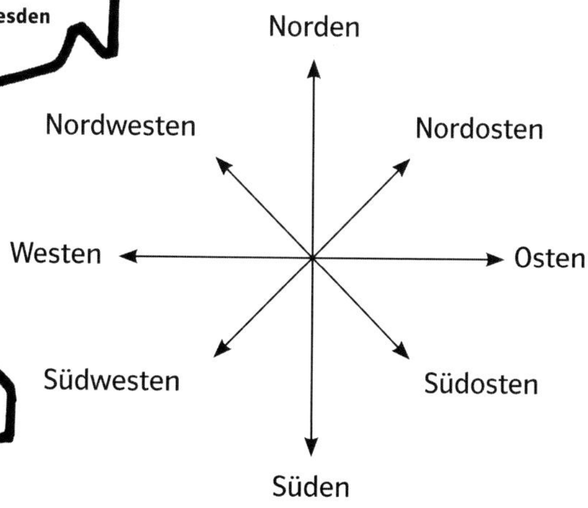

Karte von Deutschland

66 Sprachspiele für die Schule
ISBN 978-3-12-674156-9
Alles Digitale auf **allango.net**

Frage deine Partnerin / deinen Partner, wo die folgenden Städte liegen:

- Köln
- Jena
- Hannover
- Rostock
- Konstanz

Schreibe die Namen der Städte auf die Landkarte.

Redemittel
Wo liegt Lübeck? – Lübeck liegt in Norddeutschland, nordöstlich von Hamburg.

nördlich von …	nordöstlich von …
südlich von …	nordwestlich von …
östlich von …	südöstlich von …
westlich von …	südwestlich von …
	zwischen … und …

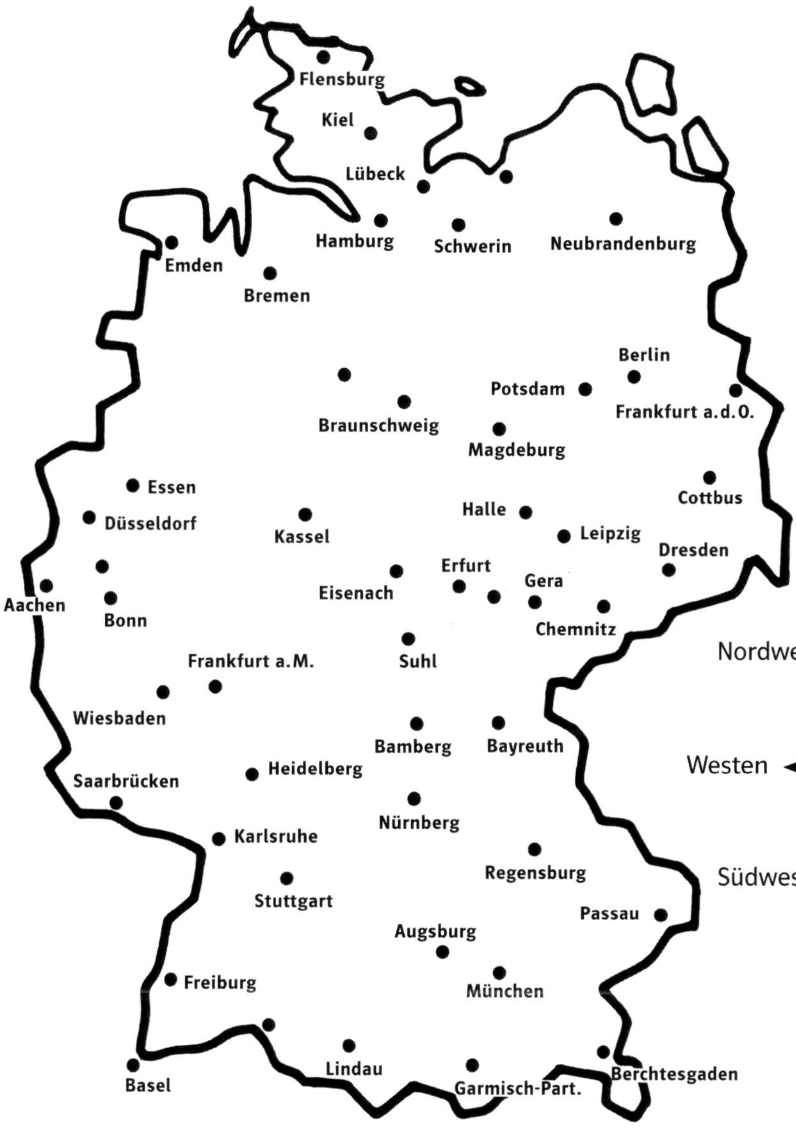

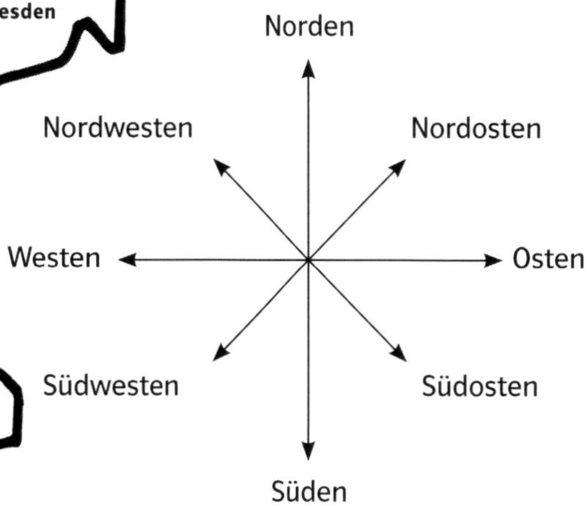

Karte von Deutschland

52 | Herr Schmitz aus Köln

Sprachniveau
A2

Lerninhalt / Themenfeld
Richtungsangaben: Wechselpräpositionen *in* und *an*

Anzahl der Spielerinnen / Spieler
beliebig; Plenum

Spieldauer
15 Minuten

Vorbereitung
- Kopiervorlage 3 kopieren und zerschneiden
- Kopiervorlage 1 oder Kopiervorlage 2 kopieren, zerschneiden und in der Klasse verteilt aufhängen

Spielverlauf
Die Lernenden erhalten zu zweit einen Satz der zerschnittenen Kopiervorlage 3. Zunächst werden die Artikel in den Lückentext eingetragen. Anschließend spielt eine Lernerin / ein Lerner Herrn Schmitz. Die anderen Lernenden lesen ihre fertigen Sätze der Reihenfolge nach (s. Nummerierung) vor und Herr Schmitz (und später auch seine Familie) muss (müssen) sich entsprechend den vorgelesenen Sätzen in der Klasse bewegen und von Wort zu Wort bzw. von Bild zu Bild gehen (oder auch Kombination Wort + Bild).

Wenn Herr Schmitz und seine Familie an einer Station angekommen sind, sagt er / sagen sie, wo er / sie gerade ist / sind.

Beispiel: „Ich bin jetzt in der S-Bahn." / „Wir sind jetzt im Stadtgarten."

Anschlussaktivität
Nach dem Spiel werden die einzelnen Sätze der Reihenfolge nach an die Tafel / Wand gehängt. Als Laufdiktat[1] werden sie von den Lernenden in ihre Hefte übertragen.

---

1 Bei einem Laufdiktat gehen die Lernenden von ihren Plätzen zum Text, merken sich immer einen Satz, gehen zurück zu ihrem Platz und schreiben den Satz auf. Danach verfahren sie genauso mit dem nächsten Satz.

Kopiervorlage 1

die S-Bahn	**der Stadtgarten**
der Ententeich	**der Bus**
der Aqua-Zoo	**das Aquarium**
der Insekten-raum	**das Tropenhaus**
der Zug	**das Restaurant**

66 Sprachspiele für die Schule
ISBN 978-3-12-674156-9
Alles Digitale auf **allango.net**

Kopiervorlage 2

66 Sprachspiele für die Schule
ISBN 978-3-12-674156-9
Alles Digitale auf **allango.net**

Kopiervorlage 3

1. Herr Schmitz aus Köln möchte seine Verwandten besuchen. Er steigt in .... S-Bahn und fährt nach Neuss.

2. Zuerst machen sie einen Spaziergang und gehen auch in .... Stadtgarten.

3. Sie gehen an .... Ententeich und füttern die Enten.

4. Danach steigen sie in .... Bus und fahren nach Düsseldorf.

5. Dort gehen sie in .... Aqua-Zoo.

6. Sie kaufen eine Eintrittskarte und kommen zuerst an .... Aquarium.

7. Dann gehen sie in .... Insektenraum.

8. Zuletzt gehen Herr Schmitz und seine Verwandten in .... Tropenhaus.

9. Um fünf Uhr steigt Herr Schmitz wieder in .... Zug und fährt nach Köln zurück.

10. In Köln geht er in .... italienische Restaurant am Rudolfplatz.

Kopiervorlage 3

66 Sprachspiele für die Schule
ISBN 978-3-12-674156-9
Alles Digitale auf allango.net

1 Du stehst auf der Deutzer Brücke. Frage deine Partnerin / deinen Partner. Sie / Er wird dir den Weg erklären.

– Du möchtest zum Neumarkt.
– Du möchtest zur Brückenstraße.
– Du möchtest in die Bismarckstraße.
– Du möchtest zum Breslauer Platz.
– Du möchtest zur Mozartstraße.

2 Dann wird deine Partnerin / dein Partner dich fragen. Die Straßen und Plätze, die sie / er sucht, sind auf deinem Stadtplan mit „↗" markiert. Erkläre ihr / ihm den Weg.

Redemittel

Geh immer die …straße entlang.
Da gehst du am besten die …straße geradeaus.
Dann biegst du in die erste / zweite / dritte Straße rechts / links ein.
Überquere die …straße / den …platz und …
Dann bist du da. Das ist dann die …straße / der …platz.

 66 Sprachspiele für die Schule
ISBN 978-3-12-674156-9
Alles Digitale auf **allango.net**

1 Deine Partnerin / Dein Partner fragt dich nach dem Weg. Sie / Er steht auf der Deutzer Brücke. Die Straßen und Plätze, die sie / er sucht, sind auf deinem Stadtplan mit „↗" markiert. Erkläre ihr / ihm den Weg und benutze diese Formulierungen:

Redemittel
Geh immer die …straße entlang.
Da gehst du am besten die …straße geradeaus.
Dann biegst du in die erste / zweite / dritte Straße rechts / links ein.
Überquere die …straße / den …platz und …
Dann bist du da. Das ist dann die …straße / der …platz.

2 Jetzt fragst du deine Partnerin / deinen Partner. Sie / Er wird dir den Weg erklären. Du stehst auf der Deutzer Brücke.

– Du möchtest in die Breite Straße.
– Du möchtest zur Komödienstraße.
– Du möchtest zum Rudolfplatz.
– Du möchtest zum Mühlenbach.
– Du möchtest in die Palmstraße.

66 Sprachspiele für die Schule
ISBN 978-3-12-674156-9
Alles Digitale auf allango.net

1 Richte hier dein neues Zimmer ein. Zeichne die Gegenstände in das Zimmer.

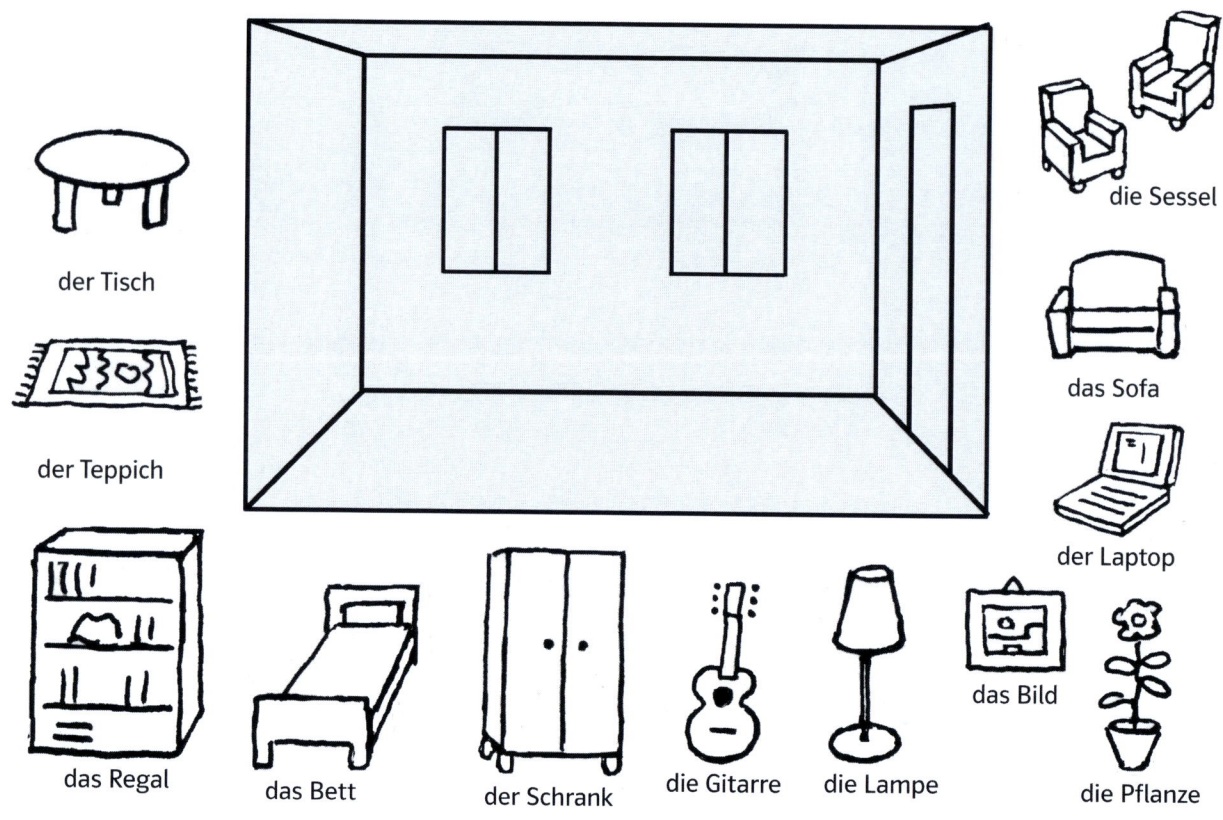

der Tisch

der Teppich

das Regal

das Bett

der Schrank

die Gitarre

die Lampe

das Bild

die Pflanze

die Sessel

das Sofa

der Laptop

2 Frage deine Partnerin / deinen Partner nach ihrem / seinem neuen Zimmer. Zeichne unten das Zimmer deiner Partnerin / deines Partners.

Redemittel
A: Wohin hast du das Bett gestellt? / Wo steht das Bett?
B: Ich habe es an / neben / vor / hinter / auf / unter / zwischen (+ Akk.) … gestellt.
Es steht an / neben / vor / hinter / auf / unter / zwischen (+ Dat.) …

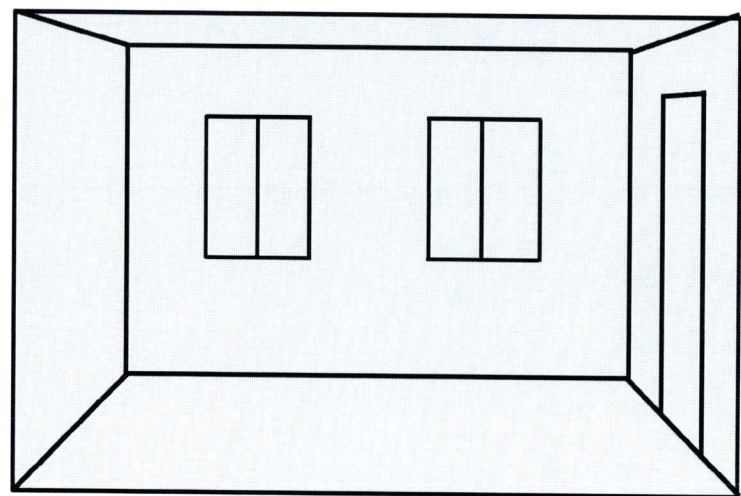

3 Vergleicht die Zeichnungen. Steht alles am richtigen Platz?

66 Sprachspiele für die Schule
ISBN 978-3-12-674156-9
Alles Digitale auf **allango.net**

1 Richte hier dein neues Zimmer ein. Zeichne die Gegenstände in das Zimmer.

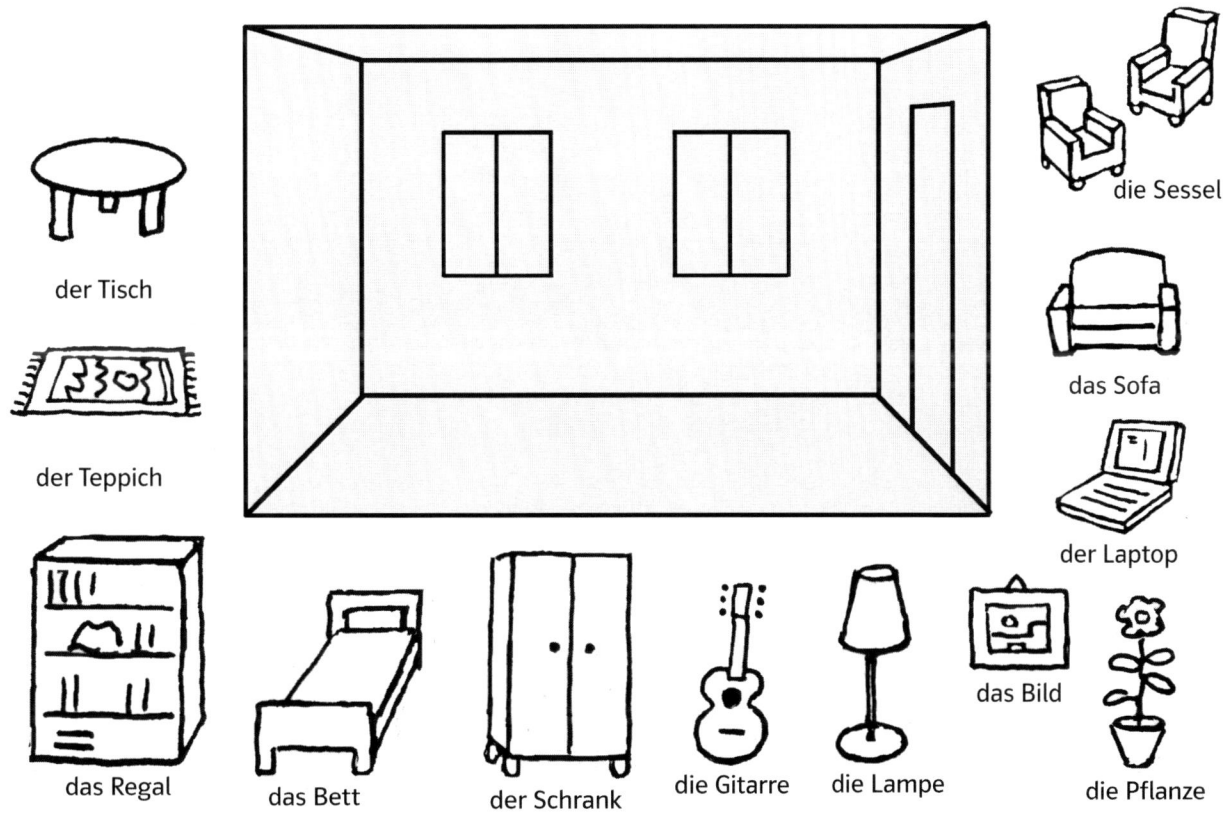

der Tisch

der Teppich

das Regal

das Bett

der Schrank

die Gitarre

die Lampe

die Pflanze

das Bild

der Laptop

das Sofa

die Sessel

2 Frage deine Partnerin / deinen Partner nach ihrem / seinem neuen Zimmer. Zeichne unten das Zimmer deiner Partnerin / deines Partners.

Redemittel
B: Wohin hast du das Bett gestellt? / Wo steht das Bett?
A: Ich habe es an / neben / vor / hinter / auf / unter / zwischen (+ Akk.) ... gestellt.
   Es steht an / neben / vor / hinter / auf / unter / zwischen (+ Dat.) ...

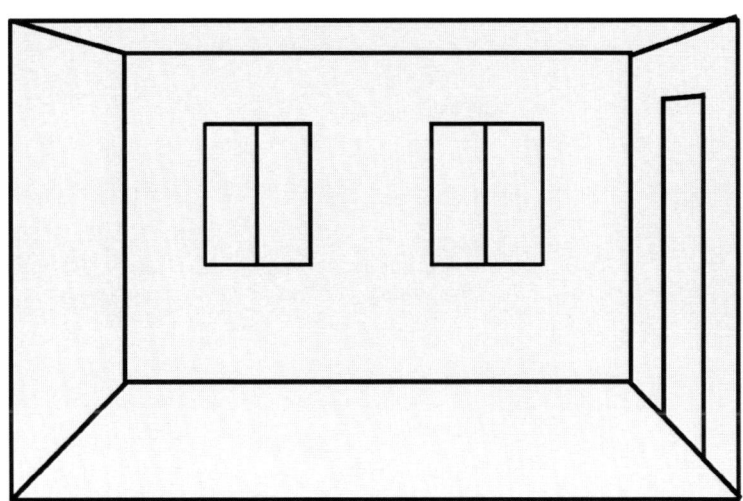

3 Vergleicht die Zeichnungen. Steht alles am richtigen Platz?

66 Sprachspiele für die Schule
ISBN 978-3-12-674156-9
Alles Digitale auf **allango.net**

**Frage deine Partnerin / deinen Partner nach den fehlenden Informationen.
Notiere die Antworten.**

Reisepass, Arbeitserlaubnis, Personalausweis, Aufenthaltsgenehmigung

	Geburtsort	Geburts-datum	Wohnort	Farbe der Augen	Größe	Besondere Kennzeichen
Maria Márquez		14. 4. 2001		braun		Sommersprossen
Julia Schröder	Wismar		Am Hafen 67 Wismar		1,71 m	
Marjan Kaabdollah	Isfahan	16. 10. 1995			1,69 m	
Pho Nguyen		3. 12. 1989	Majakowski-straße 25 Stralsund			keine
Pedro Ramirez			Karl-Liebknecht-Platz 12 Magdeburg	graugrün	1,80 m	
Uta Bolte	Chemnitz			blaugrün		Grübchen
James Omolo		11. 6. 1987	Am Kohlmarkt 18 Darmstadt		1,82 m	
Cem Gögdan	Kassel			braun		keine
du						
deine Partnerin / dein Partner						

66 Sprachspiele für die Schule
ISBN 978-3-12-674156-9
Alles Digitale auf **allango.net**

Frage deine Partnerin / deinen Partner nach den fehlenden Informationen.
Notiere die Antworten.

Reisepass, Arbeitserlaubnis, Personalausweis, Aufenthaltsgenehmigung

	Geburtsort	Geburts-datum	Wohnort	Farbe der Augen	Größe	Besondere Kennzeichen
Maria Márquez	Essen		Lindenallee 23 Essen		1,59 m	
Julia Schröder		12. 5. 1997		blau		Muttermal am Hals
Marjan Kaabdollah			Bei der Schafbrücke 9 Hamburg	grau		Narbe über dem linken Auge
Pho Nguyen	Hanoi			grün	1,66 m	
Pedro Ramirez	Granada	24. 1. 1998				keine
Uta Bolte		17. 7. 2004	Birkenweg 5 Chemnitz		1,78 m	
James Omolo	Nairobi			blau		keine
Cem Gögdan		23. 3. 1990	Steinweg 148 Kassel		1,53 m	
du						
deine Partnerin / dein Partner						

66 Sprachspiele für die Schule
ISBN 978-3-12-674156-9
Alles Digitale auf **allango.net**

Der Mensch hat in jeder Sportart einen Weltrekord. Aber viele Tiere laufen oder schwimmen schneller als der Mensch und springen weiter oder höher als der Mensch. Sprich mit deiner Partnerin / deinem Partner darüber, welche Rekorde die Tiere haben. Notiere die Antworten.

Redemittel
+++ … erheblich schneller / weiter / höher als …
++ … viel schneller / weiter / höher als …
+ … ein bisschen schneller / weiter / höher als …
– … fast so schnell / weit / hoch wie …
– – … längst nicht so schnell / weit / hoch wie …

Redemittel
B: Wie schnell läuft die Antilope?
A: Die Antilope läuft erheblich schneller als der Mensch. Sie läuft 100 Stundenkilometer.
B: Wie weit springt der Gepard?
A: Der Gepard springt ein bisschen weiter als der Mensch. Er springt 9 Meter weit.

100-Meter-Lauf							
der Mensch	das Pferd	die Antilope	das Känguru	der Windhund	der Gepard	der Hase	der Strauß
37 km/h		100 km/h			120 km/h		59 km/h

Schwimmen					
der Mensch	der Lachs	der Pinguin	die Schildkröte	der Thunfisch	der Schwertwal
7 km/h	32 km/h	37 km/h			57 km/h

Weitsprung					
der Mensch	die Gazelle	der Afrikanische Frosch	der Gepard	der Wolfshund	das Känguru
8,95 m		3,90 m	9 m		

Hochsprung					
der Mensch	das Känguru	der Lachs	der Puma	der Delfin	der Kojote
2,45 m	3,15 m		4 m	6 m	

66 Sprachspiele für die Schule
ISBN 978-3-12-674156-9
Alles Digitale auf allango.net

Der Mensch hat in jeder Sportart einen Weltrekord. Aber viele Tiere laufen oder schwimmen schneller als der Mensch und springen weiter oder höher als der Mensch. Sprich mit deiner Partnerin / deinem Partner darüber, welche Rekorde die Tiere haben. Notiere die Antworten.

Redemittel

+++ … erheblich schneller / weiter / höher als …

++ … viel schneller / weiter / höher als …

+ … ein bisschen schneller / weiter / höher als …

– … fast so schnell / weit / hoch wie …

–– … längst nicht so schnell / weit / hoch wie …

Redemittel

A: Wie schnell läuft der Windhund?

B: Der Windhund läuft viel schneller als der Mensch. Er läuft 64 Stundenkilometer.

A: Wie hoch springt der Kojote?

B: Der Kojote springt längst nicht so hoch wie der Mensch. Er springt einen Meter zwanzig hoch.

100-Meter-Lauf							
der Mensch	das Pferd	die Antilope	das Känguru	der Windhund	der Gepard	der Hase	der Strauß
37 km/h	70 km/h		72 km/h	64 km/h		74 km/h	

Schwimmen					
der Mensch	der Lachs	der Pinguin	die Schildkröte	der Thunfisch	der Schwertwal
7 km/h			35 km/h	80 km/h	

Weitsprung					
der Mensch	die Gazelle	der Afrikanische Frosch	der Gepard	der Wolfshund	das Känguru
8,95 m	12 m			7,50 m	12,60 m

Hochsprung					
der Mensch	das Känguru	der Lachs	der Puma	der Delfin	der Kojote
2,45 m		3,60 m			1,20 m

66 Sprachspiele für die Schule
ISBN 978-3-12-674156-9
Alles Digitale auf allango.net

Beim Sport gewinnt immer eine Person oder eine Mannschaft. Sprich mit deiner Partnerin / deinem Partner darüber, wer bei diesen Sportarten gewinnt. Notiere die Antworten.

Redemittel
B: Wer gewinnt beim Fußball?
A: Beim Fußball gewinnt die Mannschaft, die die meisten Tore schießt.

Fußball	Handball	Volleyball	Basketball	Tennis
… die Mannschaft, die die meisten Tore schießt.		… die Mannschaft, die die meisten Sätze gewinnt.		
Kugelstoßen	**Hochsprung**	**Speerwerfen**	**Weitsprung**	**Stabhochsprung**
	…, wer am höchsten springt.	…, wer den Speer am weitesten wirft.	…, wer am weitesten springt.	
Marathon-Lauf	**Radrennen**	**100m-Freistil**	**Springreiten**	**Fechten**
…, wer die 42 Kilometer am schnellsten läuft.				…, wer am Gegner die meisten Treffer landet.
Bogenschießen	**Eiskunstlauf**	**Kunstspringen**	**Dressurreiten**	**Golf**
…, wer am besten zielt.	…, wer am schönsten Schlittschuh läuft.			…, wer für alle Löcher die wenigsten Schläge benötigt.

66 Sprachspiele für die Schule
ISBN 978-3-12-674156-9
Alles Digitale auf **allango.net**

Beim Sport gewinnt immer eine Person oder eine Mannschaft. Sprich mit deiner Partnerin / deinem Partner darüber, wer bei diesen Sportarten gewinnt. Notiere die Antworten.

Redemittel
A: Wer gewinnt beim Handball?
B: Beim Handball gewinnt die Mannschaft, die die meisten Tore wirft.

Fußball	Handball	Volleyball	Basketball	Tennis
	… die Mannschaft, die die meisten Tore wirft.		… die Mannschaft, die mit Korbtreffern die meisten Punkte erzielt.	…, wer die meisten Sätze gewinnt.
Kugelstoßen	**Hochsprung**	**Speerwerfen**	**Weitsprung**	**Stabhochsprung**
…, wer die Kugel am weitesten stößt.				…, wer mit dem Stab am höchsten springt.
Marathon-Lauf	**Radrennen**	**100m-Freistil**	**Springreiten**	**Fechten**
42 KM	…, wer am schnellsten Rad fährt.	…, wer die 100 Meter am schnellsten schwimmt.	…, wer die wenigsten Fehler macht.	
Bogenschießen	**Eiskunstlauf**	**Kunstspringen**	**Dressurreiten**	**Golf**
		…, wer am schönsten ins Wasser springt.	… das Pferd, das am besten gehorcht.	

66 Sprachspiele für die Schule
ISBN 978-3-12-674156-9
Alles Digitale auf allango.net

58 | Der Heiße Stuhl

Sprachniveau

ab A2

Lerninhalt/Themenfeld

- Wortschatz üben: persönliche Fragen beantworten
- Grammatik: Superlativ, Perfekt und Präteritum, Relativsätze

Anzahl der Spielerinnen/Spieler

alle/Großgruppe

Spieldauer

10–20 Minuten

Vorbereitung

- evtl. Kopiervorlage als Poster vergrößern und gut sichtbar im Raum aufhängen

Spielverlauf

Ein freier Stuhl wird zum „Heißen Stuhl": Wer sich daraufsetzt, erklärt sich damit einverstanden, persönliche Fragen zu beantworten.

Wenn sich eine Freiwillige/ein Freiwilliger gefunden und auf dem Stuhl Platz genommen hat, stellen Sie dieser Person eine Frage nach einer „superlativen" Erinnerung (Beispiele s.u.). Ermutigen Sie sie dazu, ein bisschen zu erzählen. Fordern Sie dann die anderen Lernenden auf, der Person auf dem „Heißen Stuhl" eine andere Frage zu stellen – es soll dabei um „den Besten", „die Schönste", „das Billigste" usw. gehen. Wenn notwendig, geben Sie weitere Beispiele. Nach 2–3 Fragen setzt sich eine andere Person auf den „Heißen Stuhl".

Beispielfragen

- Was war das spannendste Buch, das du je gelesen hast?
- Wer ist das lustigste Kind in deiner Schulklasse?
- Was war die schwerste Klassenarbeit, die du je geschrieben hast?
- Was war der schönste Film, den du je gesehen hast ?
- Was war dein schlimmster Urlaub?
- Was war das beste Geschenk, das du je bekommen hast?

Anmerkungen

- Lassen Sie die Lernenden selbst entscheiden, ob sie auf den Stuhl möchten oder nicht.
- In großen Gruppen kann das Spiel in mehreren Kleingruppen fortgesetzt werden.
- Die sprachlichen Strukturen auf dem Poster können als Hilfestellung vor oder während des Spiels dienen.

Einen Moment!
Weißt du noch, wie man das sagt?

Der tollste Urlaub, den ich je gemacht habe,
Das größte Tier, das ich je gesehen habe,
Das leckerste Essen, das ich je gegessen habe, | war …

Mein größter Fehler
Mein langweiligstes Buch
Mein bestes Ferienerlebnis | war …

Das war | während meiner Ferien.
bei meinem Geburtstag.
in Spanien.

Da habe ich …
Da bin ich …

66 Sprachspiele für die Schule
ISBN 978-3-12-674156-9
Alles Digitale auf **allango.net**

59 | Nachbar gesucht

Sprachniveau
ab A2 (sobald Relativsätze eingeführt sind)

Lerninhalt / Themenfeld
- Wortschatz üben: Personen beschreiben
- Grammatik: Relativsätze

Anzahl der Spielerinnen / Spieler
alle / Großgruppe

Spieldauer
5–10 Minuten

Vorbereitung
- evtl. Kopiervorlage als Poster vergrößern und gut sichtbar im Raum aufhängen

Spielverlauf
Lernende und Spielleiterin / Spielleiter sitzen im Stuhlkreis, mit einem freien Stuhl in der Runde. Wer links von dem freien Stuhl sitzt, darf sich eine Nachbarin / einen Nachbarn wünschen, z.B. „Ich wünsche mir eine Nachbarin, die mehrere Geschwister hat." oder „Ich wünsche mir einen Nachbarn, der ein Musikinstrument spielt." Wer sich angesprochen fühlt, steht auf und setzt sich auf den freien Platz. Falls niemand aufsteht, darf die Person rechts von dem freien Stuhl einen Versuch machen.

Anmerkungen
- Diese Aktivität beruht auf dem bekannten Spiel „Mein rechter, rechter Platz ist leer".
- Die sprachlichen Strukturen auf dem Poster können als Hilfestellung vor oder während des Spiels dienen.

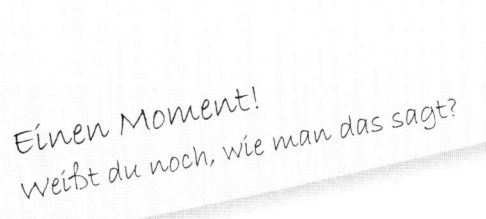

Einen Moment!
Weißt du noch, wie man das sagt?

Ich möchte einen Nachbarn, | der Flöte spielt.
mit dem ich Schach spielen kann.
den ich heute im Bus getroffen habe.

Ich möchte eine Nachbarin, | die gern Spaghetti isst.
bei der ich gestern zu Besuch war.
der ich vorhin ein Foto gezeigt habe.

66 Sprachspiele für die Schule
ISBN 978-3-12-674156-9
Alles Digitale auf allango.net

1 Kreuze zuerst an, was du weißt oder was du nicht weißt.

	du		deine Partnerin / dein Partner	
	weiß ich	weiß ich nicht	weiß sie / er	weiß sie / er nicht
1. Wer hat Amerika von Europa aus entdeckt?				
2. Ist die „Tundra" eine Landschaft in Afrika?				
3. Wie heißt die Hauptstadt von Rumänien?				
4. Wer war der erste Mensch am Südpol?				
5. Wachsen in Deutschland Melonen?				
6. Wie viele Sekunden hat eine Stunde?				
7. Gibt es in Indien Tiger?				
8. Auf welchem Kontinent liegt die größte Wüste?				
9. Wann war der Erste Weltkrieg?				
10. Haben die Menschen zuerst Glas oder Keramik erfunden?				
11. Wo ist das nächste Krankenhaus?				

2 Jetzt frage deine Partnerin / deinen Partner. Kreuze ihre / seine Antworten an.

Redemittel
A: Weißt du wer / ob / wie …?
B: Ja, … / Nein. / Keine Ahnung.

3 Dann erzähle der Klasse, was deine Partnerin / dein Partner weiß oder nicht weiß:
„Sie / Er weiß, wo …, aber sie / er weiß nicht, ob …"
Besprecht die Antworten in der Klasse. Wer hat am meisten gewusst?

  66 Sprachspiele für die Schule
ISBN 978-3-12-674156-9
Alles Digitale auf **allango.net**

1 Kreuze zuerst an, was du weißt oder was du nicht weißt.

	du		deine Partnerin / dein Partner	
	weiß ich	weiß ich nicht	weiß sie / er	weiß sie / er nicht
1. Wer hat Amerika von Europa aus entdeckt?				
2. Ist die „Tundra" eine Landschaft in Afrika?				
3. Wie heißt die Hauptstadt von Rumänien?				
4. Wer war der erste Mensch am Südpol?				
5. Wachsen in Deutschland Melonen?				
6. Wie viele Sekunden hat eine Stunde?				
7. Gibt es in Indien Tiger?				
8. Auf welchem Kontinent liegt die größte Wüste?				
9. Wann war der Erste Weltkrieg?				
10. Haben die Menschen zuerst Glas oder Keramik erfunden?				
11. Wo ist das nächste Krankenhaus?				

2 Jetzt frage deine Partnerin / deinen Partner. Kreuze ihre / seine Antworten an.

Redemittel
B: Weißt du wer / ob / wie …?
A: Ja, … / Nein. / Keine Ahnung.

3 Dann erzähle der Klasse, was deine Partnerin / dein Partner weiß oder nicht weiß:
„Sie / Er weiß, wo …, aber sie / er weiß nicht, ob …"
Besprecht die Antworten in der Klasse. Wer hat am meisten gewusst?

66 Sprachspiele für die Schule
ISBN 978-3-12-674156-9
Alles Digitale auf **allango.net**

61 | Lotteriegewinne

Sprachniveau
ab A2

Lerninhalt / Themenfeld
- Wortschatz üben: Vorlieben, Absichten und Pläne ausdrücken, Vorschläge machen
- Grammatik: Modalverben, Futur I, Infinitiv mit *zu*

Anzahl der Spielerinnen / Spieler
alle / Großgruppe (mindestens 8)

Spieldauer
45–60 Minuten

Vorbereitung
- Lotterielose kopieren, auseinanderschneiden und die einzelnen Lose falten oder eng aufrollen und in ein Körbchen legen (mehr Lose herstellen als Lernende)
- Redemittel als Poster vergrößern und gut sichtbar im Raum aufhängen

Spielverlauf
Bilden Sie Kleingruppen mit 4–5 Lernenden. Jedes Teammitglied zieht ein Los. Jede Gruppe berechnet, wie viel Geld sie insgesamt hat. Geben Sie den Gruppen 15–20 Minuten Zeit, sich zu überlegen, was sie mit dem Geld machen wollen: Das Projekt kann eine Firmengründung, eine wohltätige Unternehmung oder einfach ein toller Urlaub sein. Das Geld darf aber nicht unter den Teammitgliedern aufgeteilt werden! Da die Lernenden später in neuen Gruppen von den Plänen berichten, ist es gut, wenn sich jede / jeder einige Notizen macht. Bilden Sie neue Gruppen – in jeder davon soll jede der alten Gruppen durch mindestens ein Teammitglied vertreten sein (Gruppenpuzzle, s. Anmerkungen). Die Lernenden berichten einander über die geplanten Projekte aus ihren ursprünglichen Gruppen.

Anmerkungen
- Sie können die Lernenden nach dem Ziehen der Lose reihum sagen lassen, wie viel sie gewonnen haben.
- Neue Gruppen bilden Sie mit dem **Gruppenpuzzle** so:
  Wenn in Runde 1 alle Gruppen gleich groß sind, zählen die Gruppen einfach durch, z.B. von 1–4. Alle Lernenden mit der Nummer 1 kommen dann in einer neuen Gruppe zusammen, alle Lernenden mit der Nummer 2 kommen in einer neuen Gruppe zusammen usw.
  Wenn die Gruppen unterschiedlich groß sind, orientieren Sie sich an der kleinsten. Geben Sie jeder Gruppe kleine Zettel mit der entsprechenden Anzahl Ziffern, bei den größeren Gruppen kommt dann eine Ziffer doppelt vor. Also z.B. erhält eine Vierergruppe Zettel mit 1, 2, 3 und 4, eine Fünfergruppe mit 1, 2, 3 und zwei Zettel mit der 4, eine weitere Fünfergruppe mit 1, 2, 4 und zwei Zettel mit der 3. Die Zettel werden in der Gruppe verteilt, dann bilden alle Lernenden mit der Nummer 1 eine neue Gruppe, alle Lernenden mit der Nummer 2 eine neue Gruppe usw.
- Greifen Sie während der Aktivität möglichst wenig ein, notieren Sie wichtige Fehler für eine spätere Korrekturphase.

€ 30	€ 50	€ 100
€ 200	€ 350	€ 500
€ 800	€ 1.000	€ 2.000
€ 2.500	€ 3.000	€ 5.000
€ 7.500	€ 10.000	€ 12.000
€ 15.000	€ 20.000	€ 25.000
€ 30.000	€ 50.000	€ 60.000
€ 75.000	€ 80.000	€ 100.000
€ 125.000	€ 150.000	€ 200.000
€ 250.000	€ 300.000	€ 500.000

66 Sprachspiele für die Schule
ISBN 978-3-12-674156-9
Alles Digitale auf **allango.net**

Wir wollen
Wir möchten | ... kaufen.

Wir werden | eine Reise machen.

Wir planen
Wir haben vor | nach Frankreich zu fahren.

66 Sprachspiele für die Schule
ISBN 978-3-12-674156-9
Alles Digitale auf **allango.net**

62 | Wetter-Wette

Sprachniveau
ab A2

Lerninhalt / Themenfeld
- Wortschatz üben: Wetter, Voraussagen ausdrücken
- Grammatik: Futur I

Anzahl der Spielerinnen / Spieler
alle / Großgruppe

Spieldauer
an beiden Tagen je 10–15 Minuten

Benötigtes Material
- evtl. Aufnahmegerät mit Abspielmöglichkeit
- evtl. ein kleiner Preis oder ein Abzeichen „Wetterfrosch des Monats" o. Ä.

Vorbereitung
- evtl. Kopiervorlage als Poster vergrößern und gut sichtbar im Raum aufhängen

Spielverlauf
Jede / Jeder Lernende überlegt sich, wie das Wetter wohl in zwei Wochen sein wird und notiert sich dazu einige Stichwörter (2 Minuten). Alle Lernenden geben der Reihe nach ihre Wettervorhersage ab. Nehmen Sie die Vorhersagen auf oder halten Sie sie stichwortartig fest. Zwei Wochen später werden die Vorhersagen noch einmal gehört oder gelesen. Die Gruppe entscheidet, wer das Wetter am besten vorausgesagt hat.

Varianten
- Sie können aus dieser Aktivität ein Ritual machen und es in regelmäßigen Abständen wiederholen, als Wettbewerb um den Wetterfrosch-Titel (s. „Material"). Dabei können die Lernenden auch in Teams gegeneinander antreten, das geht schneller.
- Das schriftliche, stichwortartige Festhalten der Wetter-Vorhersagen kann auch von einer / einem oder mehreren Lernenden übernommen werden.
- Statt Stichworten können auch Piktogramme eingesetzt werden, wie sie z.B. bei Online-Wetterdiensten üblich sind. Dies eignet sich besonders für unsichere Lernende, die aber gern zeichnen.

Anmerkungen
- Bei diesem Spiel wird auch detailliertes Hör- oder Leseverstehen geübt.
- Die Redemittel auf dem Poster können vor oder während des Spiels als Hilfestellung dienen. Bestehen Sie nicht darauf, dass die Strukturen auf dem Poster während des Spiels verwendet werden müssen. Es gibt mehrere Möglichkeiten, den gleichen Inhalt auszudrücken. Wichtig ist die Kommunikationsfähigkeit.

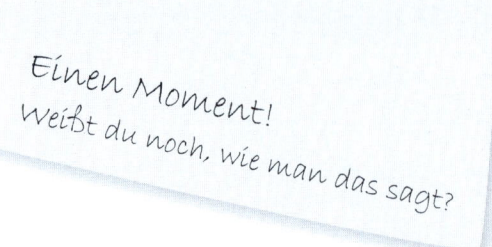

Einen Moment!
Weißt du noch, wie man das sagt?

Es wird | regnen.
schneien.

Die Temperaturen werden | steigen.

Nachmittags wird es Schnee geben.

Am Mittag werden es über 20 Grad sein.

66 Sprachspiele für die Schule
ISBN 978-3-12-674156-9
Alles Digitale auf allango.net

63 | Simultan-Pantomime

Sprachniveau

ab A2

Lerninhalt / Themenfeld

- Vermutungen ausdrücken
- Grammatik: Konjunktiv mit *würde*

Anzahl der Spielerinnen / Spieler

alle / Großgruppe

Spieldauer

ca. 20 Minuten

Vorbereitung

- evtl. Kopiervorlage als Poster vergrößern und gut sichtbar im Raum aufhängen

Spielverlauf

Bitten Sie die Lernenden, sich zu überlegen, was sie machen würden, wenn sie drei Jahre lang keine Verpflichtungen (Zimmer aufräumen, Hausaufgaben machen etc.) hätten und Geld keine Rolle spielen würde. Im Stillen soll jede / jeder Lernende mehrere Ideen entwickeln. Geben Sie dafür 1–2 Minuten Zeit. Überlegen Sie sich selbst auch etwas.

Spielen Sie den Lernenden 3 Ihrer Ideen pantomimisch vor. Anschließend sagen diese, was sie glauben, gesehen zu haben: „Du würdest reiten lernen." – „Ich glaube, du würdest ganz viel schlafen, stimmt das?"

Bilden Sie Kleingruppen (3–4 Personen). Bitten Sie die Teammitglieder (wieder jede / jeder still für sich), 3 von ihren Ideen auszuwählen, die sich pantomimisch darstellen lassen.

Die erste Gruppe geht in die Mitte oder nach vorn (so, dass alle anderen sie gut sehen können). Dann spielen alle Gruppenmitglieder *gleichzeitig* ihre Ideen vor. Die anderen Lernenden versuchen, alles mitzubekommen (das ist schwieriger, als es klingt!). Nacheinander spielen alle Gruppen ihre Ideen vor. Es darf nicht gesprochen werden, bis alle dran waren. Mitschreiben ist ebenfalls nicht erlaubt. Alle Lernenden sammeln nun gemeinsam die vorgespielten Ideen: „Eamonn würde Fußball spielen, stimmt das, Eamonn? Und er würde viel Zeit mit seinen Freunden verbringen, mit ihnen spielen und so …" Eamonn hört gut zu und sagt, was stimmt und was nicht. Schafft es die Großgruppe, alle Ideen (Lernenden-Zahl x 3) zu sammeln?

Variante

Der Auftrag für die Pantomime kann auch anders lauten, wenn Sie andere sprachliche Strukturen wiederholen wollen, z.B.:

- Vergangenheitsformen: Was hast du letzten Sommer gemacht?
- Absichten formulieren: Was hast du nach der Deutschstunde vor?

Anmerkung

Die Redemittel auf dem Poster können vor oder während des Spiels als Hilfestellung dienen. Bestehen Sie nicht darauf, dass die Strukturen auf dem Poster während des Spiels verwendet werden müssen. Es gibt mehrere Möglichkeiten, den gleichen Inhalt auszudrücken. Wichtig ist die Kommunikationsfähigkeit.

Hassan würde | eine Weltreise machen.

Marketa, du würdest | malen.

Sofia, du würdest | Gitarre lernen.

… stimmt's?

… stimmt das?

… richtig?

… oder?

66 Sprachspiele für die Schule
ISBN 978-3-12-674156-9
Alles Digitale auf **allango.net**

64 | Expertendiktat

Sprachniveau
A2

Lerninhalt / Themenfeld
Wortschatz verankern und testen: Nomen, Verben, Adjektive, Kollokationen, feste
Wendungen; Feste und Feiertage

Anzahl der Spielerinnen / Spieler
Einzelarbeit, dann Austausch in zwei Gruppen

Spieldauer
ca. 15–20 Minuten

Vorbereitung
- Wörter bzw. Wendungen zu zwei Unterthemen aussuchen

Spielverlauf
Das Oberthema ist ‚Feste und Feiertage', die Unterthemen sind z.B. Weihnachten
und Karneval. Jede / Jeder Lernende entscheidet sich für eins der beiden
Unterthemen als Spezialgebiet. Diktieren Sie in zufälliger Reihenfolge eine
Auswahl von thematisch passenden Wörtern, Satzteilen und Floskeln. Einige davon
sollten zu beiden Themen passen (z.B. *Süßigkeiten*); wenn Sie möchten, mischen
Sie auch welche unter, die nirgends passen (Beispiel: *Herzlichen Glückwunsch!* passt
weder zu Weihnachten noch zu Karneval.) Anregungen finden Sie auf den
Vorschlagslisten auf S. 154. Die Lernenden schreiben nur auf, was für ihr
Spezialgebiet relevant ist – alles andere müssen sie weglassen. Anschließend
kommen die Lernenden in zwei Expertengruppen zusammen und vergleichen, was
sie geschrieben haben. Zweifelsfälle werden im Gespräch geklärt. Wer die meisten
richtigen Wörter und Satzteile notiert hat, ist Gruppensiegerin / Gruppensieger.

Variante
Es kann auch drei Unterthemen und Expertengruppen geben.

Anmerkungen
- Auch andere Themen sind für diesen Spieltyp geeignet:
  Speisen – Getränke, Damenkleidung – Herrenkleidung, Tiere – Pflanzen, Arbeit
  – Urlaub, positive und negative Kommentare usw.
- Während des Vergleichs in den Gruppen kann gemeinsam die Rechtschreibung
  kontrolliert werden.

Redemittel
- Ja / Nein, das passt (nicht).
- Das gehört (nicht) zu …

Weihnachten	Karneval	Ostern
Plätzchen backen	verrückt	Frühling
Baum	lustig	Hase
alte Lieder singen	Kostüme	Eier verstecken
das Christkind	Masken	Eier bunt anmalen / färben
Winter	über Politiker lachen	Frohe Ostern!
Dezember	laut und bunt	Spaziergang
zu Hause	Bonbons werfen	Schokoladeneier
Frohes Fest!	auf der Straße und im Lokal	Osterfeuer
Kerzen	Rosenmontag	
Geschenke auspacken	Alaaf! / Helau!	

Silvester / Neujahr	für mehrere passend	nicht passend
Ballkleid	in die Kirche gehen	Herzlichen Glückwunsch!
Sektgläser	Karten schreiben	Geburtstagskarte
Guten Rutsch!	Braten essen	Kerzen auf der Torte
Feuerwerk	festliches Konzert	Viel Erfolg!
Mitternacht	tanzen	Wir gratulieren!
Pläne fürs nächste Jahr	Spiele spielen	auf Alkohol verzichten
Jahreswechsel	Süßigkeiten	Tag der Arbeit
laut von zehn bis null zählen	Fest / Feier / Party	Männerausflug
Sauerkraut essen	Überraschung	der Mutter Blumen schenken
Frohes neues Jahr!	dekorierte Schaufenster	Brautkleid
	mit der Familie	Gute Reise!

65 | Korrekturwimmeln

Sprachniveau
ab A2

Lerninhalt / Themenfeld
Selbstständige Fehlerkorrektur

Anzahl der Spielerinnen / Spieler
alle / Großgruppe

Spieldauer
ca. 20 Minuten

Vorbereitung
- Notieren Sie auf Papierstreifen mit Rand je einen Satz, der genau einen Fehler enthält (z.B. Satzbau, Artikel, Adjektivendung, Verbkonjugation). Die Fehler entnehmen Sie der Fehlersammlung (s. Anmerkungen).
- Notieren Sie auf zwei Streifen je einen korrekten Satz.

Spielverlauf
Jede / Jeder Lernende erhält einen beschrifteten Papierstreifen. Sagen Sie, dass bis auf zwei Sätze alle Sätze einen Grammatikfehler enthalten. Die Lernenden versuchen den Fehler zu finden und auf dem Streifen zu markieren. Anschließend laufen die Lernenden umher und suchen eine Partnerin / einen Partner. Die beiden zeigen sich gegenseitig die Fehler und machen Korrekturvorschläge. Diese werden auf die Papierstreifen an den Rand geschrieben. Danach tauschen sie ihre Papierstreifen und suchen neue Partnerinnen / Partner. Mischen Sie sich unter die Lernenden und geben Sie Hilfestellung, wenn ein Fehler nicht richtig identifiziert oder korrigiert wurde. Nach Möglichkeit sollten die Lernenden die Korrektur aber selbst vornehmen. Am Ende werden die korrigierten Sätze ausgelegt, die Lernenden haben Zeit, sich Notizen zu machen.

Beispiel:

Viele Dank für Ihr Schreiben von letzter Woche. _Vielen_

Heute ich habe einen interessanten Film gesehen. _Heute habe ich_

Anmerkungen
- Durch die „gelenkte Selbstkorrektur" mit Unterstützung der Spielleiterin / des Spielleiters bleiben die Korrekturen gut im Gedächtnis.
- Diese Aufgabe bereitet auch auf den Prüfungsteil „Schreiben, Teil 2" des Goethe-Zertifikats B2 vor.
- Da es ungünstig ist, beim freien Sprechen ständig korrigierend einzugreifen, ist es empfehlenswert, wichtige Fehler zu registrieren und zur späteren Bearbeitung zu sammeln. So eine „Fehlersammlung" kann für dieses Spiel herangezogen werden.

66 | Klebezettel-Korrektur

Sprachniveau
ab A1

Lerninhalt / Themenfeld
Fehlerkorrektur in der Gruppe

Anzahl der Spielerinnen / Spieler
beliebig (mindestens 6)

Spieldauer
20–30 Minuten

Benötigtes Material
- quadratische Haftnotizen (76 x 76 mm) in verschiedenen Farben

Vorbereitung
- Raster der Kopiervorlage auf A3-Format vergrößern, 12 fehlerhafte Sätze aus der Fehlersammlung (s. Anmerkungen) in die Felder schreiben
- Raster einmal für Sie und einmal pro Arbeitsgruppe kopieren

Spielverlauf
Die Lernenden bilden 2 oder 3 Arbeitsgruppen. Geben Sie jeder Gruppe das Raster mit den fehlerhaften Sätzen und mindestens 12 Haftnotizen. Jede Gruppe bekommt eine andere Farbe. Die Arbeitsgruppen korrigieren die Fehler und schreiben die korrigierten Sätze gut lesbar auf je eine Haftnotiz. Zur besseren Übersicht können die Haftnotizen auf das Raster geklebt werden, sodass die falschen Sätze verdeckt werden. Hängen Sie in der Zwischenzeit Ihr Raster auf (Pinnwand, Tafel oder Wand). Wenn alle Gruppen mit ihren Korrekturen fertig sind, losen Sie aus, welche Gruppe beginnt. Ziel ist es, möglichst viele zusammenhängende Felder (also Felder, die sich an einer Schmal- oder Längsseite berühren) mit der eigenen Farbe zu bekleben. Die erste Gruppe wählt ein Feld, klebt die entsprechende vorbereitete Haftnotiz auf und liest den Satz vor. Ist der Korrekturversuch richtig, bleibt die Notiz kleben, falls nicht, wird sie wieder abgenommen. In beiden Fällen kommt anschließend die nächste Gruppe an die Reihe.

Anmerkungen
- Falls die Beschaffung der Haftnotizen Schwierigkeiten bereitet, können Sie auch verschiedenfarbige Zettel in der entsprechenden Größe zuschneiden. Das Raster kommt dann auf einen Tisch und die Zettel werden aufgelegt.
- Da es ungünstig ist, beim freien Sprechen ständig korrigierend einzugreifen, ist es empfehlenswert, wichtige Fehler zu registrieren und zur späteren Bearbeitung zu sammeln. So eine „Fehlersammlung" kann für dieses Spiel herangezogen werden.

Zusätzliche Kopiervorlage zu Spiel 7: Hier kommen die Artikel ins Spiel! – Thema *Möbel*

der	die	das
Stuhl	Gardine	Bett
Tisch	Couch	Sofa
Schrank	Bade-wanne	Bild
Sessel	Lampe	Kissen
Teppich	Wasch-maschine	Regal
Spiegel	Pflanze	Wasch-becken

66 Sprachspiele für die Schule
ISBN 978-3-12-674156-9
Alles Digitale auf **allango.net**

Zusätzliche Kopiervorlage zu Spiel 20: Was hast du gemacht? – Erklären, malen, Pantomime

als Kind	im letzten Sommer
am 24.12.	vorgestern
letzte Woche	
an Silvester	

heute Morgen	vor einem Jahr
vor einem Monat	vor zehn Jahren
am Geburtstag	
gestern	

Vorlage Blanko-Sprechblasen zum Trainieren von selbst gewählten sprachlichen Strukturen
(s. Einleitung, S. 3)

66 Sprachspiele für die Schule
ISBN 978-3-12-674156-9
Alles Digitale auf allango.net

Klett